Karin Wemhöner

Glücksorte in Athen

Fahr hin & werd glücklich

Dieses

Glücksbuch

ist für

Liebe Glücksuchende,

wer an Athen denkt, hat unwillkürlich antike Sehenswürdigkeiten wie die Akropolis mit dem Tempel des Parthenon vor Augen. Und so manch einer fragt sich da vielleicht: „Lohnt sich das überhaupt?“ Immerhin kennt man deren Anblick ja schon zur Genüge von zahllosen Abbildungen.

Die Antwort ist ganz klar – ja, tut es. Denn zum einen ist es ein unvergessliches Erlebnis, die Zeitzeugen der Antike live zu sehen, zum anderen ist Athen noch viel mehr als das. In dieser pulsierenden Millionenstadt verschmelzen Vergangenheit und Moderne auf unnachahmliche Art und Weise. Alte Kunstwerke treffen auf Streetart, traditionelle Tavernen auf bunte Cafés und griechische Lebensart auf inspirierenden Kulturmix.

Dieses einmalige Flair verdankt Athen auch den Menschen mit ihrer Kreativität und ihrer Offenheit für Neues. Sie sind es, die viele der Glücksorte in Athen so lebendig und spannend machen. Sodass man sich am Ende einer Reise nach Athen nur zwei Fragen stellt: „Warum habe ich so lange gewartet?“ und „Wann komme ich wieder?“ Denn in Athen findet jeder seinen Glücksort. Versprochen.

Ihre Karin Wemhöner

Deine Glücksorte …

... noch mehr Glück für dich

Atemberaubende Antike

1 Blick auf die Akropolis

Sie darf in keinem Reiseführer fehlen und Zigtausende Touristen pilgern Jahr für Jahr auf den Burgberg Athens: die Akropolis mit ihrem Wahrzeichen, dem Parthenon-Tempel, der zum Dank für die Rettung der Stadt durch die Göttin Athena nach dem letzten Perserkrieg erbaut wurde. Es erscheint beinahe banal, diese weltbekannte Sehenswürdigkeit noch in einem Reiseführer zu erwähnen. Aber es muss sein, denn dass die Akropolis immer wieder beschrieben wird, hat einen guten Grund – sie ist schlicht und einfach atemberaubend und zieht jeden in ihren Bann. Ihr Anblick und ihre Aura entschädigen sogar fürs lange Anstehen in der Warteschlange.

Aber nicht nur der Besuch auf dem Burgberg selbst macht glücklich. Sondern auch der Blick aus der Ferne. Hält man sich einige Zeit in Athen auf und besucht ein Stadtviertel nach dem anderen, so wird schnell klar: Die Akropolis ist einfach überall. Sie ist wirklich immer gegenwärtig und lässt einen niemals alleine. Ein unschätzbarer Vorteil in einer Stadt, in der es sich so leicht verläuft wie nirgendwo sonst – zu zahlreich sind die kleinen Straßen, Plätze und Durchgänge der Plaka, der Altstadt.

Doch auf die Grande Dame der Antike kann man sich verlassen: Immer wieder taucht sie zwischen den Bäumen eines Stadtparks, hinter einer Straßenecke oder am Ende einer schmalen Gasse auf. Thront unbeeindruckt, dafür aber scheinbar unverwüstlich 156 Meter über der Stadt und ruft einem immer wieder die jahrtausendealte Kultur, die einen umgibt, ins Gedächtnis. In ihrer heutigen Form besteht sie seit dem 5. Jahrhundert vor Christus und ist doch bis heute mit dem modernen Leben in Athen untrennbar verbunden.

Dabei heißt es, dass die wenigsten Athener selbst schon einmal oben waren. Das überlassen sie lieber den Touristen. Schließlich ist morgen auch noch ein Tag, und die Akropolis wird ganz sicher auch dann noch da sein!

TIPP

Im Sommer so früh wie möglich besuchen, um Menschenmassen und Hitze zu vermeiden, und Tickets am besten schon vorher im Internet buchen.

- Akropolis, 105 58 Athen, odysseus.culture.gr
- ÖPNV: Haltestelle Monastiraki, Acropoli oder Syntagma

2

Chillen im Nalu All Day Café

Möchte man sich in Athen einige entspannte Stunden am Meer gönnen, so ist man im Nalu All Day Café genau richtig. Im Vorort Alimos, direkt an der Athener Riviera gelegen, begeistert diese überaus stylische Kombination aus Café, Restaurant und Strandbar nicht nur durch ihr ausgefallenes Design, sondern vor allem durch die einmalige Aussicht aufs Meer.

Ob für ein gemütliches Frühstück, ein kleines Mittagessen oder einen unvergesslichen Abend mit Sonnenuntergang in der ersten Reihe – das Nalu verzaubert zu jeder Tageszeit und bietet seinen Gästen stets ein wahres Rundum-Wohlfühlprogramm. Selbst gemachte Limonaden, leckere Mahlzeiten und tolle Cocktails lassen keine Wünsche offen. Dazu die passende Chillout-Musik, und schnell vergisst man, dass das quirlige, hektische Athen nur wenige Meter entfernt liegt. Und überlässt sich nur allzu gerne dem ansprechenden Interieur, den gut gelaunten Kellnern und dem entspannten Way of life, der hier zelebriert wird. Vor allem an den Wochenenden im Sommer feiert hier die Athener Jugend das Leben und vor allem sich selbst.

TIPP

An den Wochenenden im Sommer für ein Abendessen auf jeden Fall einen Tisch reservieren.

Doch daneben gibt es auch das „leise" Nalu der ruhigen Momente. Am schönsten ist das Nalu deshalb im Herbst und Winter, denn dann ist Energie-Auftanken angesagt. Anders als viele andere Strandbars und Restaurants in Athen ist es ganzjährig geöffnet. Wenn dann die Schatten der Palmen langsam länger werden, macht sich eine beinahe unerschütterliche innere Ruhe breit, und das Nalu wird seinem Vorsatz „It's always summer" mehr als gerecht.

Und wieder zeigt sich, dass das Leben in Athen vorwiegend draußen stattfindet: Schon bei den ersten Sonnenstrahlen, die es durch die winterliche Wolkendecke schaffen, tauchen sie wieder auf, die Freiluft- und Meerbegeisterten, und erobern die Außenterrasse des Nalu, um die winterliche Ruhe (fast) ohne Touristen und den Anblick des Meeres zu genießen. „The place to be" – und ein echter Glücksort eben!

● Nalu All Day Café, Leoforos Posidonos, 174 55 Alimos, Tel. (+30 21) 09 88 09 90
● ÖPNV: Haltestelle Zephyros oder Pempti Kalamakiou

Geschichte plus Moderne

3

Staunen im Akropolis-Museum

An kaum einem anderen Ort wurden Gegenwart und Vergangenheit, Moderne und Antike so gelungen kombiniert. Das im Jahr 2009 eröffnete neue Akropolis-Museum präsentiert ausschließlich Fundstücke der berühmten Sehenswürdigkeit und zählt mit mehr als fünf Millionen Besuchern zu den meistbesuchten in Athen. Und das völlig zu Recht, denn nicht nur die antiken Objekte ziehen die Besucher in ihren Bann, sondern ebenso der moderne Gebäudekomplex selbst, der aus übereinanderliegenden, geschickt verkanteten Geschossen besteht.
Dabei war dieses Gebäude keineswegs unumstritten – nicht nur, weil zu seinen Gunsten zwei denkmalgeschützte Häuser abgerissen werden mussten, sondern auch deshalb, weil die nüchterne, spiegelnde Glasfassade viele Menschen eher an ein Einkaufszentrum als an ein Antiken-Museum erinnerte. Doch spätestens mit Eröffnung des eindrucksvollen Komplexes wurde klar – vor allem diese moderne, schnörkellose Gestaltung ist es, von der eine unbeschreibliche Faszination ausgeht und die den antiken Ausstellungsstücken gerade wegen ihrer Modernität viel Raum gibt.
Das Museumsgebäude aus Beton, Glas und Marmor erweist sich als ideales Gegenstück und sorgt schon im Eingangsbereich für wunderbare Gänsehautmomente. So blickt der Besucher im Foyer durch Glasflächen im Boden auf Ausgrabungen und wird eingestimmt auf die großartige Sammlung und das Highlight im dritten Stockwerk.
Dort befindet die Kopie des Parthenonfrieses in Originalgröße und auf Augenhöhe. Der echte Fries schmückt zum Großteil noch das Britische Museum in London – aber die Nachbildung des Bilderschmucks hat im neuen Museumsgebäude aus Beton, Glas und Marmor in Athen sein neues Zuhause gefunden.
Lässt man sich auf diese einmalige Atmosphäre ein, dann wird der Besuch von Moderne und Antike zu einem Erlebnis, das man auf keinen Fall vergessen wird.

TIPP

Von der Rooftop-Bar des Cafés hat man einen spektakulären Blick auf die Akropolis!

● Akropolis-Museum, Dionysiou Areopagitou 15, 117 42 Athen, Tel. (+30 21) 09 00 09 00, theacropolismuseum.gr
● ÖPNV: Haltestelle Acropoli

Ein Dorf in der Stadt

4 Spaziergang in Anafiotika

Als im Jahr 1834 der Regierungssitz Griechenlands nach Athen verlagert wurde, nutzten zahlreiche Bauhandwerker diese Chance und wanderten in die neue Hauptstadt aus, um dort ihr Glück zu machen. Viele von ihnen stammten von der Kykladeninsel Anafi und errichteten bis zum Ende des 19. Jahrhunderts in der neuen Heimat ein Wohnviertel nach Vorbild ihrer kykladischen Heimatdörfer – Anafiotika. Zu dieser Zeit konnten sie natürlich noch nicht ahnen, dass es heute zu den beliebtesten Sehenswürdigkeiten Athens zählen würde.

Beim Schlendern durch die gestaffelten, weiß getünchten Terrassenhäuser, kleinen Gärten und schmalen Gassen fühlt man sich in ein kleines griechisches Inseldorf und dazu noch in eine andere Zeit versetzt. Und das mitten im Herzen einer Millionenstadt. Kaum zu glauben, aber hier läuft das Leben langsamer ab, und die Hektik der modernen Zeit scheint völlig fehl am Platze.

Lässt man sich auf die besondere Atmosphäre um einen herum ein, geht der Herzschlag unwillkürlich langsamer, und man vergisst das Tempo, das man als Tourist gewohnt ist. Meterhohe Bougainvilleen, dösende Katzen in den Straßen und auf den kleinen Mauern, bepflanzte Blumenkübel neben den Hauseingängen – genau so stellt man sich kleine Inselparadiese vor.

Heute gehören zu Anafiotika noch etwa 45 intakte Häuser. Die Wohndichte ist hoch und die Bewohner kämpfen bis heute für den Erhalt ihres Viertels, das in ihren Augen denkmalgeschützt sein sollte. Denn für Anafiotika gab es nie eine Baugenehmigung, und das einzigartige Viertel im Herzen der Plaka wurde aufgrund großer Wohnungsnot anfangs nur geduldet. In der Vergangenheit gab es sogar einige Versuche der Stadt, die Häuser abzureißen. Doch mittlerweile gilt es als pittoreskes, historisches und liebenswertes Viertel, das nicht nur bei Touristen beliebt ist, sondern auch bei vielen Einheimischen.

TIPP

In Anafiotika gibt es auch drei kleine Kirchen im Kykladenstil aus dem 13. bzw. 17. Jahrhundert, die eine Besichtigung lohnen.

- Anafiotika, Plaka
- ÖPNV: Haltestelle Syntagma oder Monastiraki

Athen bei Nacht

5 Magisches beim August Moon Festival

Am Abend durch die Gassen Athens streifen, ein oder auch zwei Wein in einer gemütlichen Weinbar trinken oder bis zum Morgen in einer angesagten Eventlocation feiern – Athen sorgt auch am Abend immer wieder für angenehme Gänsehautmomente. Fast hat man den Eindruck, dass dieser Moloch in der Dunkelheit endlich zur Ruhe kommt und seinen Bewohnern und Besuchern eine Atempause gönnt.

Eine Atempause, die man immer mal wieder nutzen sollte, um den eigentlich unvermeidbaren Blick auf die Akropolis zu werfen. Denn bei Dunkelheit entwickelt sie eine nahezu magische Anziehungskraft. Angestrahlt von zahlreichen Scheinwerfern, setzt sie sich eindrucksvoll vom Hintergrund eines beinahe schwarzen Nachthimmels ab und scheint geradezu überirdisch. Ist das noch zu überbieten?

Nein, natürlich nicht. Obwohl – da gibt es diese eine Nacht im August, die alles toppt: die erste Vollmondnacht im August. Und das hat nichts zu tun mit Schlafwandlern oder gar Werwölfen! Nein, in dieser Nacht feiert die Stadt das August Moon Festival mit zahlreichen kulturellen Veranstaltungen, Musik, Tanz und Theater. Wie übrigens ganz Griechenland seit 2002.

Für Besucher besonders attraktiv sind aber nicht nur der Anblick der Akropolis im Schein des Vollmonds, sondern auch die meist verlängerten Öffnungszeiten (oft bis 24 Uhr) vieler Museen. Zahlreiche kulturelle Angebote sind in dieser Nacht sogar kostenlos. Wie wäre es zum Beispiel mit einem nächtlichen Besuch im Akropolis-Museum? Oder einem Open-Air-Konzert auf dem Philopappos im Lichte des Vollmonds? Diese Chance sollte man auf jeden Fall wahrnehmen.

Am besten macht man es wie die Einheimischen – denn in dieser Nacht scheinen auch die Athener noch spontaner, entspannter, fast ausgelassener und feiern den Vollmond über Athen. Herrlich, es ihnen einfach gleichzutun und sich dem Zauber dieser Vollmondnacht im August zu überlassen!

- August Moon Festival, viele geöffnete Museen und Open-Air-Konzerte in Athen, vor allem im Zentrum

Philosophen-Treffpunkt

6 Kleine Atempause im Café Philos

In vielen Cafés, Bars und Restaurants Athens geht es um mehr als „nur" Essen und Trinken. Das Philos ist hierfür ein Paradebeispiel. „A unique space for a unique experience" lautet das Motto, dem das Philos in mehrfacher Hinsicht gerecht wird. Denn so ein Café ist wirklich einzigartig.

Es befindet sich in einem wunderbar renovierten neoklassizistischen Gebäude aus dem Jahr 1937, das einst dem berühmten Kunstsammler E. Koutlidis gehörte. Mehr als 1400 seiner ehemaligen Gemälde können heute in der griechischen Nationalgalerie bestaunt werden. Und trotzdem scheint es, als hätten sie etwas von ihrer einmaligen Schönheit in ihrem alten Zuhause zurückgelassen.

Dabei teilte das Gebäude lange das Schicksal vieler neoklassizistischer Häuser in Athen und verfiel Jahr für Jahr zusehends. Bis, ja bis ein junges Paar sich entschied, es wieder zum Leben zu erwecken und genau hier seinen Traum von einem Design-Café und Concept Store zu verwirklichen.

Eine Zuflucht sollte es sein, eine Zuflucht für diejenigen, die eine Atempause von der Hektik der Metropole suchen. Und zugleich Elemente der klassischen und zeitgenössischen Kultur zu schätzen wissen. So wurde aus dem beinahe baufälligen Gebäude ein Café und Concept Store mit originalen Holzfenstern, Mahagonifußboden, einer alten Holztreppe und einem kleinen Dachgarten. Bis heute ist an diesem Ort das Lebensgefühl des Athens vor 100 Jahren lebendig geblieben. Doch wer jetzt glaubt, alles sei von gestern, hat sich geirrt. Ganz im Gegenteil: Auf drei Etagen und mehr als 300 Quadratmetern begrüßen den Gast handgemachte Designer-Möbel, nachhaltige Kleidung und zauberhafte Accessoires. Dazu natürlich eine erstklassige Küche im Café. Man sollte sich für einen Besuch also ruhig Zeit nehmen und den Ort auf sich wirken lassen. Übrigens der perfekte Platz, um mit seinem Laptop an einem der kleinen Tische in einmaligem Ambiente zu arbeiten.

● Philos, Solons 32, 106 73 Athens, philosathens.com

● ÖPNV: Haltestelle Syntagma (Fußweg ca. 550 m), Panepistimio 1 oder Amerikes

PIE DISHES
DEEP PLATES
PREP SET

Brotliebhaber aufgepasst

7

Genießen in der Bäckerei Takis

Was für ein Duft! Was für ein Aroma! Am liebsten würde man diesen Ort nie wieder verlassen. Aber von Anfang an: Im Jahr 1961 zog Takis von Thessaloniki nach Athen und eröffnete, nur 10 Gehminuten von der Akropolis entfernt, eine Bäckerei. Sein Plan: die originalen Koulouri (Sesamringe) zu backen und zu verkaufen, wie er sie aus seiner Heimat kannte – knuspriger, als es diese Spezialität bis dato in Athen gab. Der Rest ist Geschichte, denn noch heute ist die überaus erfolgreiche Bäckerei in Familienbesitz. Doch bei den Sesamringen ist es natürlich nicht geblieben.
Dies erschließt sich bei einem schnellen Blick in die gut gefüllten Regale. Brotliebhaber werden sich wie im Himmel fühlen – sie können nämlich täglich zwischen mehr als 30 Brotsorten wählen. Knusprige Baguettes, Focaccias mit Kräutern und Oliven, Sauerteigbrote … es bleiben wirklich keine (Brot-)Wünsche offen.
Doch damit nicht genug: Natürlich gibt es auch noch frische Kuchen – besonders lecker der mit Möhren –, Kekse, Sandwiches und „Lipsopita" (süßes Brot mit Honig). Das sollte man unbedingt probieren! Oder wie wäre es mit einer Quiche Lorraine mit Parmesan und Kirschtomaten? Oder dem typischen Tsoureki (Osterbrot)? Die Auswahl ist riesig, und alles ist hand- und hausgemacht. Garantiert. Am liebsten würde man sich einmal quer durch all diese Leckereien probieren. Aber dafür müsste man schon länger bleiben.
Und dann war da ja noch dieser Duft! Dieser Duft nach frisch gebackenem Brot, der einem schon auf dem Gehweg die richtige Richtung zeigt! Oft ist die Warteschlange relativ lang – aber keine Sorge: Es geht schnell, und das Warten lohnt auf jeden Fall! Wer noch bis dahin gezweifelt hat – beim ersten Biss in ein frisches Brot ist man sich sicher: Brot von Takis macht glücklich. Als hätte man es nicht schon vorher beim Anblick der lächelnden Kundengesichter gewusst, die den Laden mit vollen Händen verlassen.

TIPP

Rechtzeitig fürs Wochenende einkaufen, am Sonntag ist das Geschäft geschlossen!

- Takis, Misaraliotou 14, 117 42 Athen
- ÖPNV: Haltestelle Acropoli oder Museio Acropolis

Faszinierende Vergangenheit

8 Entdeckungsreise im Benaki-Museum

Dass sich in Athen das größte private Museum Griechenlands befindet, wissen die wenigsten. Dabei ist das Benaki-Museum – trotz großer Konkurrenz – auf jeden Fall einen Besuch wert. Denn es ist das einzige Museum in Griechenland, das Kunst aus allen Epochen der griechischen Kultur und Geschichte präsentiert. Von vorgeschichtlicher Zeit bis zur Gegenwart. Und das ist spannender, als es sich anhört!
Antonis Benakis gründete das Museum im Jahr 1929 zu Ehren seines Vaters Emmanouil Benakis in einem der schönsten neoklassizistischen Herrenhäuser (erbaut 1867/68) der Stadt. Schon früh entwickelte Antonis seine Leidenschaft für die Vergangenheit und besaß im Gründungsjahr des Museums bereits mehr als 37.000 islamische und byzantinische Kunstgegenstände. Weitere 9000 Ausstellungsstücke erhielt er in den 70er-Jahren aus Stiftungen.
Heute befindet sich in der Villa Benakis das Hauptgebäude der Sammlung mit Exponaten zur griechischen Geschichte, doch viele sehenswerte Abteilungen wurden aufgrund von Platzproblemen ausgelagert. Darunter zum Beispiel die Sammlung islamischer Kunst, das Spielzeugmuseum, eine Kunstgalerie und eines der größten griechischen Archive im Delta House. Hier findet wirklich jeder etwas, das ihn interessiert und begeistert. Ein besonderes Kleinod mit viel Atmosphäre ist auch das Studio des Künstlers Yannis Pappas, einem der wichtigsten griechischen Künstler. Er lebte und arbeitete bis in die 1960er-Jahre in Athen und stiftete im Jahr 2002 sein Studio dem Benaki-Museum. Noch heute befinden sich zahlreiche Skulpturen des Künstlers im Studio ebenso wie im kleinen Garten. Im Atelier erlebt man sein Wirken unmittelbar und würde sich nicht wundern, wenn Yannis Pappas jeden Moment zur Tür hereinkäme. Wer Künstlerateliers mag, ist hier am richtigen Ort.

TIPP
Der Shop des Benaki-Museums ist sehr gut sortiert und bietet die Gelegenheit, schöne Souvenirs zu kaufen.

- Benaki-Museum, Koumpari 1, 106 74 Athen, Tel. (+30 21) 03 67 10 00, benaki.org
- ÖPNV: Haltestelle Syntagma oder Kolonaki

Wie im Orient-Express

9 Theater und mehr im To Treno sto Rouf

Manchmal fällt die Entscheidung, was man am Abend machen soll, gar nicht so leicht: Dinner, Konzert oder doch lieber ein Besuch im Theater? Im wunderbaren To Treno sto Rouf, einem der wenigen Eisenbahntheater, bekommt man gleich alles auf einmal. Und das alleine kann schon richtig glücklich machen.
Doch es geht noch besser, denn es ist der Ort selbst, der so besonders ist: Auf dem stillgelegten Gleis des Bahnhofs Rouf hat mit mehreren Eisenbahnwagen eine großartige Eventlocation für Theater, Musik, Tanz & Co. ihr dauerhaftes Zuhause gefunden. Ob ein romantisches Konzert, eine Theateraufführung oder ein Dinner – es dreht sich alles um die zehn größtenteils alten und geschichtsträchtigen Eisenbahnwaggons.
Herz und Schmuckstück des To Treno sto Rouf ist der heutige Musikwaggon aus dem Jahr 1926, ein Original aus dem legendären Orient-Express, der auf der Simplon-Strecke eingesetzt wurde. In ihm können insgesamt 33 Gäste die Atmosphäre dieser Zeit nachempfinden und einzigartige Momente bei Musik und Fingerfood erleben. Auch die alte Dampflok von 1953 ist ein wahrer Augenschmaus – und das ganz sicher nicht nur für eingefleischte Eisenbahnfans.
Darüber hinaus stehen weitere Waggons den Gästen zur Verfügung: Darunter die Bar, die ihr neues Zuhause in einem alten Transportanhänger gefunden hat, und heute als Bühne für Musiker und DJs dient. Auch im Restaurantwagen leben vergangene Zeiten wieder auf und faszinieren mit einzigartigem Flair. Wie wäre zum Beispiel ein kleiner Plausch mit einem der Künstler nach der Aufführung? Und im Sommer kann man zusätzlich in der Apovathra-Bar auf dem alten Bahnsteig den Abend im Freien genießen.
Ein außergewöhnlicher und wunderbarer Ort voller Energie! Und ein Beweis, dass Originalität, Kreativität und Sinn für Ästhetik im heutigen Athen von großer Bedeutung sind.

- To Treno sto Rouf, Konstantinoupoleos Av./Amfipoleos, 118 54 Athen, Tel. (+30 21) 05 29 89 22 , totrenostorouf.gr
- ÖPNV: Haltestelle Kerameikos (Fußweg ca. 800 m) oder Rouf

Kleine Auszeit

10 Schmökern im Booktique

Schon das Schaufenster lädt zum Eintreten und Schmökern ein, am liebsten würde man sich sofort mit einem Buch an einen ruhigen Platz in einer Ecke setzen und loslesen. Etwas, was das Team des kleinen, aber feinen Booktique in Kolonaki – einem der besten Buchläden Athens – nur allzu gut verstehen kann. Denn sie alle teilen die Leidenschaft, ja die Liebe zu Büchern und wünschen sich, dass sich ihre Kunden wie zu Hause fühlen. Ihr Ziel ist es nicht nur, Bücher zu verkaufen, sondern Menschen in jedem Alter zu ermutigen, immer weiter zu lernen und zu wachsen – durch Lesen.

Diese Leidenschaft ist überall im Laden zu spüren und ebenso in der überaus freundlichen Begrüßung durch das engagierte Frauenteam! Auch, wenn man sich selbst noch gar nicht sicher ist, was man eigentlich sucht, bekommt man jederzeit Unterstützung auf der Suche nach der richtigen Lektüre. Vor allem Kinder sind hochwillkommen und freuen sich über das große Angebot sowie die zahlreichen Events und Lesungen, die speziell für sie organisiert werden. Und das mit großem Erfolg! Doch auch darüber hinaus wird man fündig, denn das Booktique verkauft nicht bloß Bücher, sondern stellt ebenso die Kunstwerke lokaler Künstler und Designer aus, um sie einem größeren Publikum zu präsentieren. Das alles möglichst ökologisch – in Athen leider noch immer eine Seltenheit. So sollen zum Beispiel Plastiktüten schon bald der Vergangenheit angehören und durch mehrfach verwendbare Baumwolltaschen ersetzt werden.

Und wer sich jetzt gefragt hat, ob er in dieser griechischen Buchhandlung überhaupt etwas für sich zum Lesen findet: Natürlich umfasst der Großteil des Angebots vor allem griechische Literatur, das liegt in der Natur der Sache. Aber das Booktique bietet ebenso ein gut sortiertes und ausgewähltes Angebot englischsprachiger Literatur. Vielleicht ja ein guter Anlass, die leicht eingerosteten Englischkenntnisse aufzupolieren. Wie wäre es zum Beispiel mit einem Buch als Urlaubsmitbringsel? Entweder für sich selbst oder einen Daheimgebliebenen. Viel Glück beim Stöbern!

- Booktique, Patriarchou Ioakim 21, Kolonaki, 106 75 Athen, Tel. (+30 21) 07 23 54 25 booktique.gr
- ÖPNV: Haltestelle Loukianou, Evangelismos 1 oder Syntagma (Fußweg ca. 800 m)

Glück auf den Stufen

11 Brunch im Café Yiasemi

Von manchen Orten scheint man sein Leben lang geträumt zu haben, ohne es selbst zu wissen. Orte, an denen man sich direkt zu Hause fühlt, obwohl man sie noch nie zuvor gesehen hat. Orte wie zum Beispiel das Café und Bistro Yiasemi, übersetzt „Jasmin". Im Herzen der Athener Plaka, auf dem Weg hinauf zur Akropolis, liegt es in der Mnisikleos-Straße.

Heiß begehrt sind hier vor allem die Plätze auf den Stufen vor dem Restaurant – und das nicht nur bei Touristen, sondern ebenso bei Einheimischen. Kein Wunder, sind sie doch perfekt zum Sehen und Gesehenwerden. Aber auch derjenige, der nicht das Glück hat, draußen noch einen Platz zu finden, braucht nicht traurig zu sein: Innen empfängt das Yiasemi seine Gäste mit gemütlicher Einrichtung und heimeliger Atmosphäre. Und dann diese Düfte! Nach griechischem Kaffee, selbst gebackenem Brot, frischem Früchtekompott, Zitronentorte und noch viel mehr. Da kommt man unwillkürlich ins Schwärmen.

TIPP

Am Wochenende unbedingt einen Tisch reservieren.

Wem all das trotzdem noch nicht reicht, der sollte auf jeden Fall einen Besuch am Wochenende einplanen. Denn dann wird das umfangreiche Frühstück von der jungen Musikerin Vaya Nassi virtuos auf dem Klavier begleitet, und alles zusammen sorgt für beinahe magische Momente.

Mariza Kouzeli, die Inhaberin, die ihre Heimatinsel Mykonos verließ, um in Athen ihr Glück zu machen, hat mit viel Engagement und Arbeit ein kleines Schatzkästchen geschaffen. Eines, das – wie vieles in dieser Stadt – scheinbar mühelos Tradition mit Moderne verbindet und diesem Miteinander seinen außergewöhnlichen Charme verdankt.

Und so kann sich der Gast hier neben typisch griechischen Spezialitäten auch auf ein vegetarisches Frühstücksbuffet freuen. Kurzum – das Yiasemi ist ein Ort, den man nicht versäumen sollte. Ein Ort zum Genießen, Träumen, Leute-Gucken, Entspannen und Freunde-Treffen. Der perfekte Ort, um glücklich zu sein.

- Yiasemi, Mnisikleous 23, Plaka, 105 55 Athen, Tel. (+30 21) 30 41 79 37, yiasemi.gr
- ÖPNV: Haltestelle Monastiraki oder Acropoli

γιασεμι

Einmal rund um die Welt

12 Globusgeschäft Cosmic Globes

Eine Reise um die Welt in nur wenigen Augenblicken – im kleinen Ladengeschäft von Michael Koimtzis bekommt diese Formulierung eine ganz andere Bedeutung. Was den interessierten Besucher im Cosmic erwartet, erkennt man schon von draußen: Globen und Landkarten in allen Größen und Formen. Alte und neue Globen. Globen an der Decke, in den Regalen, an den Wänden.

Gegründet wurde das Unternehmen im Jahr 1951 von Michael Koimtzis, dem Großvater des heutigen Inhabers. Er hatte die erste Werkstatt Griechenlands, wo Globen von Hand hergestellt und in einer kleinen Seitenstraße in Psirri verkauft wurden. Und zwar sehr erfolgreich, sodass das kleine Unternehmen jetzt schon in der dritten Generation in Familienhand ist – und noch immer mit handgearbeiteten Globen sein Geld macht. Damit widersteht es nach wie vor dem allgemeinen Trend, Globen schneller und preiswerter serienmäßig zu produzieren. Eine gute Wahl, denn heute ist Cosmic Globes der erfolgreichste Anbieter handgefertigter Globen.

Der Kunde hat die Wahl zwischen zwei Dimensionen (2D oder 3D) und 15 unterschiedlichen Farben, kann aber auch selbst das Kartendesign, die Namen, Fotos und Logos bestimmen. Mindestens eine Woche benötigt Michael Koimtzis für die Herstellung eines Globus. Im Angebot sind aber nicht nur individuelle Nachbildungen der Erde, sondern ebenso eine Darstellung des Mars mit Bergen, Tälern und Kratern nach originalen NASA-Daten ist erhältlich. Alle Globen und Karten werden regelmäßig nach den neuesten Erkenntnissen und Daten aktualisiert.

Es ist einfach wunderbar, dass dieses Geschäft als eines der wenigen der Flut an billigen und industriell gefertigten Globen bis heute widerstanden hat. Und falls man sich für ein solches Schmuckstück entscheidet, braucht man sich keine Gedanken darüber zu machen, wie man es heil nach Hause bekommt. Im Cosmic Globes hilft man den Kunden gerne!

- Cosmic Globes, Sarri 12, Psirri/Monastiraki, 105 53 Athen, Tel. (+30 21) 03 21 65 96
- ÖPNV: Haltestelle Monastiraki (Fußweg ca. 450 m) oder Omonia (Fußweg ca. 650 m)

UNION OF SOVIET SOCIALIST REPUBLICS
ASIA
JAPAN
MANCHURIA
KOREA
MONGOLIA
SINKIANG
TIBET
CHINA
AFGHANISTAN
IRAN
SAUDI ARABIA
INDIA
ARABIAN SEA
LACCADIVE ISLANDS

Ein Tag mit Lemuren

13 Besuch im Attika Zoological Park

Etwa 15 Kilometer östlich des Stadtzentrums befindet sich der Attika Zoological Park, der einzige Zoo seiner Art in Griechenland. Der heute 20 Hektar umfassende Park wurde im Mai 2000 ursprünglich als reiner Vogelpark gegründet und beherbergt noch heute die weltweit drittgrößte Vogelsammlung mit 1100 Vögeln aus 300 verschiedenen Arten. Im Laufe der Jahre wurde der Park jedoch umfangreich erweitert, und es kamen unterschiedliche Tierarten mit ihren Lebensräumen hinzu. So zum Beispiel die Welt der Reptilien, der afrikanischen Savanne sowie die griechische Fauna. Wie in anderen Zoos teilen sich mittlerweile verschiedene Tierarten wie in der Natur ein Gehege und geben dem Besucher die Gelegenheit, sie in einem (fast) natürlichen Lebensraum zu bewundern. Dazu gehören zum Beispiel Großkatzen, Kamele, Bären, Nashörner, Schlangen, Alligatoren & Co.

Sowohl in der Affenwelt als auch in den drei Vogelvolieren wartet eine Überraschung: Im Ersteren wird man als Besucher von freilaufenden und turnenden Affen begrüßt, denn als Besucher hat man hier die Möglichkeit, die Tiere ganz ohne Gitter zu erleben und kann sich mitten unter ihnen bewegen. Dies gilt ebenso für die drei großen, begehbaren Vogelvolieren – sie bieten das hautnahe Erlebnis von umherfliegenden Vögeln und mehr oder weniger melodischem Zwitschern.

Doch im Attika Zoological Park wird über den Zoo hinausgedacht: 2011 rief der Zoo das Programm PELARGOs zum Schutz und zur Erhaltung der griechischen Tierwelt ins Leben. Mit einem Teil der Gewinne des Attika Zoological Parks werden Naturschutzprojekte in freier Wildbahn finanziert.

Heute hat sich dieser Tierpark zu einem modernen Zoo mit großen artgerechten Gehegen und gut gepflegten und betreuten Tieren gemausert. Wer seine Kinder bei Laune halten möchte und nach einem abwechslungsreichen Ausflugsziel sucht, ist hier gut aufgehoben.

- Attika Zoological Park, At Yalou-Spata, 190 04 Athen, Tel. (+30 21) 06 63 47 24
  atticapark.com
- ÖPNV: Haltestelle Attika Zoological Park

Das versteckte Paradies

14 Streifzug im Botanischen Garten

Im Athener Bezirk Haidari liegt ein bestechend schönes Natur-Kleinod, das selbst viele Athener nicht kennen – der Diomedes Garten, der größte Botanische Garten Griechenlands. Er ist für Besucher geöffnet, zugleich aber auch an die Universität Athen angegliedert und wird aus diesem Grund nach wie vor intensiv für wissenschaftliche Zwecke genutzt.

Sicherlich ein Grund dafür, dass hier zahlreiche stark gefährdete Pflanzenarten wachsen, die ansonsten nur selten zu finden sind. Insgesamt beherbergt der Garten mehr als 2000 Pflanzenarten, sowohl einheimische als auch exotische. Aus wissenschaftlicher Sicht ein wahrer Schatz, aber natürlich auch ebenso ein echtes Paradies für Naturfans und Erholungsuchende.

Gegründet wurde der Garten im Jahr 1951 von Alexander N. Diomedes, einem Professor und Mitglied der Athener Akademie. Bei seinem Tod hinterließ er Anweisungen für die Errichtung eines Botanischen Gartens zum Studium, zur Kultivierung von Pflanzen, Bäumen und Blumen sowie zur Förderung des Interesses der Jugend an Natur und Umwelt. Ob dies tatsächlich funktioniert hat, kann seit 1975 auch die Öffentlichkeit beurteilen, denn seitdem ist der Garten öffentlich zugänglich. Ein Glück, denn er ist einfach viel zu schön, um ihn hinter verschlossenen Zäunen zu verstecken und nur der Wissenschaft zu überlassen.

Etwa 20 Prozent der Fläche sind momentan kultiviert und unterteilt in die unterschiedlichsten Themenbereiche: das Arboretum, ein Areal mit historischen Pflanzen, einen Duftgarten, einen Bereich für medizinische Pflanzen, das Gewächshaus … da ist für jeden Naturliebhaber etwas dabei. Natürlich kann dieser Garten aber noch viel mehr: Er ist Balsam für die gestresste Seele! Im Frühling zum Beispiel raubt einem der einzigartige Duft der Frühlingsblumen beinahe den Atem, und im Sommer gibt es kaum einen schöneren Ort für ein kleines Picknick. Wer es gerne etwas bequemer hat oder spontan vorbeikommt, kann seine kleine Auszeit aber auch im angegliederten Café genießen. In dieser grünen Oase findet sicher jeder seinen persönlichen Glücksort.

- Diomedes Botanischer Garten, Iera Odos 403, 124 61 Chaidari, Tel. (+30 21) 05 81 15 57, diomedes-bg.uoa.gr
- ÖPNV: Haltestelle Diomedeios oder Psychiatreio

Der Bauch von Athen

15 Tief Luft holen in der Evripidou-Straße

Zugegeben, die Evripidou-Straße ist keine typisch touristische Gegend. Doch wer Gewürze, Kräuter, frisches Obst und Gemüse liebt, der wird ganz sicher auf dieser Straße sein Glück finden! Ebenso wie die Athener selbst, denn sie wissen gutes Essen zu schätzen. Oft wird ja vom Herzen einer Stadt gesprochen – in Athen ist das die Altstadt, nicht wahr? Oder doch die Akropolis? Egal, hierüber lässt sich trefflich diskutieren. In einem sind sich jedoch alle einig – der Bauch von Athen liegt in der Evripidou Street.

Hier reihen sich kleine und kleinste Läden aneinander, um einfach jeden kulinarischen Wunsch zu erfüllen, den man sich so vorstellen kann. Ob Fisch, Fleisch oder Käse – man bekommt alles, was das Herz (und der Bauch!) begehrt. Die Straße lässt sich in unterschiedliche Abschnitte einteilen: Während sich der Teil direkt an der Aiolou-Straße noch wie viele andere Straßen präsentiert, findet man zwischen Aiolou- und Athinas-Straße bereits Lebensmittelgeschäfte jeglicher Couleur. Es gibt den berühmten griechischen Feta-Käse, Nüsse, getrocknete Früchte ebenso wie frischen und gesalzenen Fisch. Doch der faszinierendste Abschnitt folgt zwischen Athinas und Menandrou-Straße. Er kündigt sich schon von Weitem durch seinen unnachahmlichen Duft an – dieses Aroma vergisst man wirklich nie! Es stammt von den vielen Gewürz- und Kräuterläden, die sich aneinanderreihen und mit unnachahmlichen Gerüchen gegenseitig überbieten. Man sollte sich also Zeit lassen und in Ruhe die eigenen Lieblingsdüfte erschnuppern.

Übrigens liegt auch der berühmteste Gewürzladen Athens in der Evripidou Street: das Bahar. Es bietet seinen Kunden auf kleinstem Raum mehr als 2500 Gewürze – und das schon seit 1940! Gewürze, Kräuter, Öle, getrocknete Gemüse kreieren gemeinsam ein einzigartiges Aroma und bringen jeden Feinschmecker zum Schwärmen. Wen wundert es da, dass hier sogar berühmte Küchenchefs einkaufen, um ihren Speisen den letzten Pfiff zu geben.

● Evripidou-Straße, 105 61 Athen
● ÖPNV: Haltestelle Monastiraki (Fußweg ca. 450 m) oder Agora

ΤΑ ΞΙ ΔΙ
ΚΑΝΕΛΑ
12,00 €
16,00 €
12,00 €

Per pedes durch die Antike

16 Schlendern auf dem Archäologischen Boulevard

Was macht ein Athener an einem Sonn- oder auch Feiertag? Er schlendert. Alleine, zu zweien oder auch mit der ganzen Familie. Und zwar auf der Dionysiou-Areopagitou-Straße, auch „archäologischer Boulevard“ genannt – der sicherlich schönsten Fußgängerzone Athens und vielleicht sogar einer der malerischsten der Welt.

Viele Athener Familien verbringen hier Stunden auf den Bänken, schauen den Vorbeiflanierenden oder den zahlreichen Straßenkünstlern und ihren Kunststücken zu. Und man sollte es den Athenern als Besucher dieser großartigen Stadt auf jeden Fall einmal gleichtun.

Wie beinahe überall verbinden sich auch hier ganz selbstverständlich Gegenwart und Vergangenheit. Beginnt man seinen Spaziergang unweit der Metrostation „Acropoli“, beeindruckt auf der rechten Seite das gewaltige Odeon des Herodes Atticus, links zeigen sich wunderschöne neoklassizistische Gebäude sowie das einzigartige Akropolis-Museum! So viele Zeitzeugen bekommt man nur bei einem Spaziergang in Athen zu sehen. Natürlich alles im Schatten der Akropolis.

Besonders schön und praktisch: Hier können Einheimische und Touristen ganz ungestört von Autos vom Bogen des Hadrian bis zum Philopappos-Hügel spazieren. Und dort, wo die Dionysiou Areopagitou in die Apostolou Pavlou übergeht, befindet sich der Haupteingang zum Philopappos-Hügel, der 70 Hektar großen Grünfläche mit Bäumen und Sträuchern sowie weiteren antiken Ruinen.

Schon 1833 hatten die Architekten Kleanthis und Schaubert die Idee eines imposanten Boulevards, der die archäologischen Sehenswürdigkeiten Athens miteinander verbinden würde. Es hat dann zwar doch noch einige Jahre, besser Jahrhunderte, gedauert, aber im Jahr 2003 wurde es dann endlich Realität. Heute bildet der archäologische Spazierweg einen wunderbaren Gegenpol zum Autochaos, nur wenige Meter entfernt.

- Fußgängerzone Dionysiou Areopagitou
- ÖPNV: Haltestelle Acropoli oder Monastiraki (Fußweg ca. 750 m)

Einfach mal rumtrödeln

17 Schnäppchenjagd auf dem Flohmarkt Monastiraki

Was kann man in Athen an einem sonnigen Sonntag machen, wenn man keine Lust auf Antike und Sightseeing hat? Ganz einfach, man stürzt sich auf den Flohmarkt in den schmalen Straßen und Gassen von Monastiraki und trödelt mal einige Stunden herum.

Während die Gegend um die Ermou-Straße während der Woche eher an einen orientalischen Basar mit vielen Läden, Cafés und Restaurants erinnert (und deshalb nicht unbedingt einem typischen Flohmarkt entspricht, wie wir ihn kennen), findet am Sonntag ein echter Trödelmarkt statt. Kleine Händler aus Athen und Umgebung bieten auf Tischen und Teppichen ihre Ware auf der Straße bzw. in der Fußgängerzone an und warten auf willige Käufer.

Kleidung, antike Fundstücke, gebrauchte Bücher, Souvenirs für Touristen, CDs und Platten sind hier auf der Suche nach einem zweiten Leben bei neuen Besitzern. Dazwischen natürlich auch zahlreiche Fake-Angebote, doch bei all dem gesammelten Plunder findet man mit viel Geduld und einem guten Auge immer noch kleine Schätze. Und so ein Fund macht dann ganz schnell glücklich!

Außerdem fasziniert auch dieser Krammarkt durch sein ganz besonderes Flair und übt auf Interessierte eine magische Anziehungskraft aus. Irgendwie wird man doch nie müde zu gucken. Es gibt ja auch so viel zu sehen. Denn nicht nur das Warenangebot lohnt einen zweiten Blick, sondern ebenso die Menschen – Händler UND Käufer. Dazu noch das lokale Ambiente und das Eldorado für Sammler und Schnäppchenjäger ist perfekt.

Das Schönste: Bei dem ganzen Trubel bleiben alle entspannt und haben einfach ihre Freude am uralten Spiel des Handelns und Feilschens. Und das ist ein weiterer Grund, warum sich ein Ausflug zu diesem Flohmarkt auf jeden Fall lohnt. Die beste Zeit für einen Besuch ist übrigens vor 11 Uhr, denn danach wird es sehr voll, und für eine kleine Pause gibt es so früh noch freie Plätze in den Cafés und Restaurants rundum. Von hier aus lässt sich das lebendige Treiben prima und ganz entspannt beobachten!

- Flea Market, Ifestou 2, 105 55 Athen
- ÖPNV: Haltestelle Monastiraki

Jachten gucken

18 Für Luxus-Liebhaber – Flisvos Marina

Etwa 6 Kilometer von Athen entfernt, entstand im alten Hafen von Paleo Faliro die erste Luxus-Marina Griechenlands mit mehr als 300 Liegeplätzen für große, noble Jachten aus dem In- und Ausland. Zahlreiche Shops mit Sportbekleidung und nautischen Produkten lassen das Herz von Seglern und Jachtbesitzern höherschlagen. Und wer würde sich nach längerer Zeit auf See nicht über festen Boden unter den Füßen und die Möglichkeit zum ausgiebigen Duschen freuen? Vor allem, wenn das Ambiente dabei so exklusiv ist wie hier.

Als im Jahr 2002 der Grundstein gelegt wurde, war es das Ziel, eine kleine Stadt mit Mittelmeerflair zu gründen. Direkt am Meer, schick, sauber und grün. Alles möglichst umweltverträglich und nachhaltig. Das hat funktioniert: Auf 24.000 Quadratmetern findet man viele Restaurants, Cafés und Geschäfte und sogar ein Freiluftkino. Der perfekte Ort für einen kurzen Urlaub vom Alltag und dazu noch ein tolles Kontrastprogramm zu den alten Stadtvierteln wie Plaka und Monastiraki. Finden nicht nur die Skipper der zahlreichen Schiffe, sondern auch die Athener selbst und kommen daher gerne zum Bummeln und Relaxen. Vor allem an den Wochenenden nutzen viele Familien das große Unterhaltungsangebot und verbringen hier oftmals einige Stunden mit Bummeln, Essen und Spielen.

TIPP

Von hier aus kann man auch eintägige Bootstouren nach Hydra, Poros und Ägina unternehmen.

Fast erscheinen das atemberaubende Blau des Wassers und des Himmels sowie das Weiß der Jachten wie eine andere Welt. Hier kann man am Morgen am Meer entlangjoggen oder Fahrrad fahren und sein Mittagessen direkt an der Mole zu sich nehmen, umgeben von einem Hauch Glamour und Luxus. Und wenn man am Abend bei einem Aperitif den Sonnenuntergang über dem Meer bewundert, hat man den perfekten Tagesabschluss.

Nirgendwo sonst kann man so viele tolle Jachten bestaunen. Klar, man könnte sich natürlich seine Gedanken machen, ob dermaßen viel Luxus wirklich nötig ist. Man kann aber auch alles einfach nehmen, wie es ist, und sich an den eleganten Linien der Luxusjachten erfreuen.

● Flisvos Marina, 175 61 Athen, Tel. (+30 21) 09 87 10 00
flisvosmarina.com
● ÖPNV: Haltestelle P. Faliro

Mit allen Sinnen genießen

19 Treffpunkt Bauernmarkt

Hören, sehen, riechen, fühlen – nirgendwo macht Obst und Gemüse einkaufen so viel Freude wie auf einem Athener Bauernmarkt. Und ganz nebenbei erlebt man das authentische Athen, denn diese Märkte sind viel mehr als einfache Einkaufsmöglichkeiten – sie sind echte Treffpunkte und Begegnungsstätten der „echten" Athener.

Entstanden sind die Bauernmärkte aus der Idee, nachhaltige Anbau- und Produktionsmethoden ebenso zu fördern wie die lokale Wirtschaft. Daher werden auf dem Bauernmarkt überwiegend frische Produkte aus dem Umland angeboten. Bereits in der griechischen Antike war die Agora ein öffentlicher Raum für politische, religiöse und künstlerische Diskussionen. Im modernen Athen bedeutet Agora vor allem „Marktplatz" und deshalb werden diese Bauernmärkte heute noch „laiki agora" (oder auch nur „laiki") genannt – „Volksmarkt".

Der Clou – außer zwei relativ festen Zentralmärkten in der Athinas Street und dem Zentralmarkt in Renti, gibt es keine festen Standorte. Stattdessen entstehen die Märkte für einige wenige Stunden einmal pro Woche irgendwo auf den Straßen Athens. Gegen drei Uhr nachmittags verschwindet die ganze Pracht dann wie von Zauberhand als wäre nie etwas gewesen. Die Athener lieben ihre Laiki Märkte und alleine in Athen und Piräus gibt es rund 195 davon. Jedes Viertel hat mindestens einen pro Woche. 25 von ihnen verkaufen nur organische Produkte.

Hier kann man den Wechsel der Jahreszeiten noch hautnah erleben. Jede Saison hat ihre eigene Farbe – während der Frühling den Kirschen und Aprikosen und Blumen gehört, bestimmen im Sommer zum Beispiel Honig, Gewürze, lokale Weine, Pfirsiche, Beeren und Wassermelonen den Markt.

Alles, was es auf einem Laiki zu kaufen gibt, schmeckt nicht nur besser als im Supermarkt, sondern ist auch noch preiswerter. Diese Märkte sind eine nachhaltige Alternative zu den gängigen Supermärkten. Wenn man erst einmal die Freude am kiloweisen Einkaufen von Zitrusfrüchten erlebt hat, möchte man nie wieder in Plastik eingeschweißte Früchte mit nach Hause bringen.

● Athener Bauernmärkte, athensfarmersmarket.net

1,39
1,39
0,99

Den Überblick behalten

20 Athen von oben mit Hop-On, Hop-Off

Es gibt kaum etwas, was einen mehr als Tourist outet, als eine Busrundfahrt mit einem Doppeldeckerbus mit offenem Oberdeck. Doch obwohl im Zentrum von Athen die meisten Sehenswürdigkeiten gut zu Fuß zu erkunden sind und das Metro-Netz ausgezeichnet ist, haben die praktischen Hop-On, Hop-Off-Touren tatsächlich das Potenzial für glückliche Stunden.

Denn sie geben die Chance auf eine andere Perspektive, eben auf den berühmten Blick von oben. Während sich unter einem das Leben tummelt, kann man sich bequem zurücklehnen, die vielen Sehenswürdigkeiten wie Akropolis, Nationalgarten oder Odeon des Herodes Atticus an sich vorbeiziehen lassen und überall dort aussteigen, wo man möchte. Eine durchaus reizvolle Alternative bei oftmals mehr als 35 Grad Celsius in den heißen Sommermonaten. Und man spart sich den chaotischen und teilweise auch recht stressigen Autoverkehr in Athen ebenso wie größere Menschenmassen in den engen Gassen der Altstadt.

Besonders praktisch: Die einschlägigen Buslinien durchfahren nicht nur das unmittelbare Zentrum, sondern verbinden Athen auch mit der Umgebung wie zum Beispiel Piräus, Glyfada und Kap Sounion. Insgesamt drei Buslinien bieten ihre Dienste an. Sie unterscheiden sich farblich (blau, gelb und rot) und decken jeweils unterschiedliche Routen und Ziele ab. Dazu gibt es per Kopfhörer Erklärungen zu den jeweiligen Sehenswürdigkeiten in der Wunschsprache.

Bei allen sind die Tickets jeweils für 24 oder auch 72 Stunden gültig und man kann an den zahlreichen Haltestellen ganz nach Belieben aus- oder zusteigen. So ist es möglich, jede Tour individuell nach Lust und Laune zu gestalten. Vor allem auch für Senioren oder Familien mit Kindern, die nicht die ganze Innenstadt zu Fuß erkunden möchten, eine tolle Alternative.

Und ganz ehrlich – als Tourist ist man ja so oder so erkennbar. Egal, ob man auf dem Oberdeck eines Doppeldeckerbusses sitzt oder nicht. Am besten man findet man sich einfach damit ab und genießt den Überblick!

● Hop-On, Hop-Off-Touren ab Syntagma-Platz
hop-on-hop-off-bus.com/de/athen-bus-touren

SIGHTS OF ATHENS
ATHENS line
Hop aboard!
APN-4596

Gib Gas – ich will Spaß!

21 Formel-1-Feeling im Hellenic Motor Museum

Dass Athen eine Vielzahl von Museen zu bieten hat, ist nicht überraschend. Durchaus erstaunlich ist aber die Vielfalt unterschiedlicher Ausstellungen, die sich erst bei näherem Hinschauen erschließt. Wer hätte schon mit so etwas wie dem Hellenic Motor Museum gerechnet? Und doch befindet sich im Herzen der Stadt auf 4000 Quadratmetern eine einzigartige Sammlung mit mehr als 300 Automobilen aus dem 19. und 20. Jahrhundert, von denen im Wechsel jeweils 110 gezeigt werden. Gegründet wurde das private Automobilmuseum von Theodore Charagionis, der bereits in seiner Kindheit der Faszination Fortbewegungsmittel erlag. Und sich mit dieser Sammlung einen Kindheitstraum erfüllte.

Freunde des Rennsports fühlen sich hier auf insgesamt drei Ebenen beim Anblick all der Maserati, Porsche, Alfa Romeo und Rolls Royce in ein ganz spezielles Paradies versetzt. Doch auch längst nicht mehr existierende Marken wie Adler, Packard, Delage, Dino oder Lagonda haben hier eine Heimat gefunden. Darunter auch der Lancia Aurelia 1953 von Lorenzo Bandini sowie der Mercedes-Benz-Flügeltürer 300 SL von Paul Newman.

Die Auswahlkritierien? Denkbar einfach – Theodore Charagionis begann mit den Traumwagen seiner Kindheit und Jugend. Alles begann daher mit einem Maserati Mistral, einem Rolls Royce Wraith, zwei Jaguar E-Type, zwei Lancia Appia Zagato, zwei Austin Healey 3000 und drei Dinos (darunter ein Ferrari). Jeder Einzelne von ihnen hatte dem jungen Theodore einst den Atem geraubt. Und sei es nur auf einer Fotografie.

Und für den, der jetzt noch nicht glücklich ist, hat das Museum ein weiteres außerordentliches Highlight in petto – einen F1-Simulator! Hier hat man die Qual der Wahl zwischen den beliebtesten Rennstrecken und kann sich fühlen wie einer der berühmen Rennpiloten! Es mal Michael Schumacher, Ayaton Senna oder Keke Rosberg nachmachen und das Adrenalin auf den berühmtesten Rennstrecken der Welt spüren. Wenn das nicht glücklich macht!

● Hellenic Motor Museum, Ioulianou 33, 10433 Athen, Tel. +30 21 08 81 61 87
hellenicmotormuseum.gr
● ÖPNV: Haltestelle Victoria

Ursprüngliche Hafenromantik

22

Idylle in Mikrolimano

Für einen kleinen Ausflug ans Meer bieten sich nicht nur die Strände Athens an, sondern auch der Hafen Mikrolimano. Der „Kleine Hafen" wurde bis 1974 auch als Turkolimano, Fanari oder Kumundru-Hafen bezeichnet. Aus Protest gegen die türkische Invasion in Zypern 1974 wurde er dann jedoch in Mikrolimano umbenannt. Heute sagen viele der Einheimischen, dass er einen schöneren Namen verdient hätte.
Und irgendwie haben sie recht damit, denn schließlich ist er der schönste und malerischste Hafen von Piräus. Fischerboote, kleine Schiffe und Jachten prägen das Bild des liebenswerten Ortes und laden zum Schlendern und Genießen ein. Blickt man vom Hafen aus zur Landseite, schaut man auf die hübschen Häuschen des benachbarten Kastella-Hügels. Einfach zauberhaft!

Doch das war es nicht immer: Tatsächlich diente das natürliche Hafenbecken von Mikrolimano in der Antike als Kriegshafen. Doch davon ist heute nichts mehr zu spüren. Stattdessen hat sich der kleine Ort den ursprünglichen Charme eines beschaulichen Hafenstädtchens bewahrt und strahlt noch Ruhe und Harmonie aus. Ganz anders als die beiden Haupthäfen von Piräus, Zea Marina und Kantharos, in denen es wesentlich lebhafter zugeht.

TIPP
Ein tolles Restaurant direkt am Wasser ist das Paraga, das auch bei Einheimischen beliebt ist.

Und mal ehrlich: Welcher Griechenlandreisende träumt nicht von einem kleinen Hafen, in dem einheimische Fischer noch in aller Ruhe ihre Netze flicken? Und wo man auf den Fischerbooten sehen kann, was am Abend fangfrisch auf den Tellern der Restaurants landet. Würde man sich einen perfekten Nachmittag in Mikrolimano vorstellen, sähe er sicherlich so aus: Zunächst ein kleiner Spaziergang am Hafenbecken, vielleicht ein erfrischender Café Frappé und dann ein gemütliches Essen in einer der idyllischen Fischtavernen direkt am Wasser (möglichst bei Sonnenuntergang!). Zum Schluss ein kleiner Absacker in einer Bar. Solch ein Tag kann nur mit einem Glücksgefühl zu Ende gehen!

- Mikrolimano
- ÖPNV: Haltestelle Faliro oder Pasa Limani

Besinnliche Momente

23 Atempause im Kloster Keseriani

Kraft tanken, die Stille auf sich wirken lassen, das Chaos der Großstadt im kühlen Schatten von Zypressen, Platanen und Kiefern vergessen ... das kleine, orthodoxe Kloster Keseriani an der Nordseite des Hymettos-Gebirges ist eine wunderbare Oase für Geist und Seele. Hier kann man zur Ruhe kommen und seine Gedanken ohne Ablenkung schweifen lassen.

Das Haupthaus des Klosters stammt aus dem 11. Jahrhundert; weitere Gebäudeteile wie der Glockenturm und das Refektorium sowie die eindrucksvollen Fresken kamen erst in den folgenden Jahrhunderten hinzu. Aufgrund staatlicher Privilegien verfügte es zu seiner Blütezeit über ausgedehnte Ländereien mit Olivenbäumen, Bienenstöcken und Heilkräutergärten.

TIPP

Auch für Mountainbiker bietet der Mount Hymettos wunderschöne Strecken, zum Beispiel Richtung Cholargos.

Einst war es ein wichtiges Philosophiezentrum, berühmt für seine umfangreiche Bibliothek. Vor etwa 200 Jahren wurde das Kloster jedoch aufgelöst, und die wertvollen Bücher und Urkunden aus antiken Bibliotheken verkaufte man an die Engländer. Die Anlage selbst wurde mit viel Bedacht rekonstruiert, und lässt man sich darauf ein, ist noch heute die einzigartige Atmosphäre dieses Ortes zu spüren.

Auch wenn es hier am Wochenende schon einmal etwas lebhafter werden kann, so hat man unter der Woche doch oft das Glück, alles für sich alleine zu haben. Kein Wunder, dass sich mehr als 100 Vogelarten angesiedelt haben, darunter viele, die unter Schutz stehen wie Rotkehlchen, Falken, Ziegenmelker und Adler. Auch die reiche Flora mit Wildblumen sowie vielen Küchen- und Heilkräutern ist für Naturliebhaber ein Traum, denn es gibt hier zahlreiche Wanderwege, die sowohl von Einheimischen als auch Touristen gerne genutzt werden. Und je höher man den Berg hinaufsteigt, desto wunderbarer ist die Aussicht auf Athen. Übrigens: Gutes Schuhwerk ist bei einem Ausflug zum Kloster Keseriani auf jeden Fall ein Muss!

● Kloster Keseriani, Keseriani, 161 22 Athen, Tel. (+30 21) 07 23 66 19
odysseus.culture.gr

Eiscreme wie in Italien

24 Kalter Genuss im Le Greche

Kein Sommer ohne Eiscreme. Das gilt auch für die Athener. Und so bevölkern Dutzende von Eiscafés die Stadt. Ja, es heißt sogar: Was für Brüssel die Pommes frites, das ist für Athen die Eiscreme. Kein Wunder, dass Eiscafés es hier schwer haben, sich durchzusetzen. Doch dem Le Greche am Syntagma-Platz ist es eindeutig gelungen, und heute zählt es zu den beliebtesten und besten Eiscafés der Stadt. Für Eisliebhaber ein echtes Muss!

Neben den gängigen Eissorten gibt es natürlich zahlreiche, die nur darauf warten, entdeckt zu werden, so zum Beispiel Baklava Cream, Lemon mint Sorbet, Gianduia (mit Nutella-Aroma), Ricotta (aus Kreta) mit Aperol, Mascarpone mit frischen Feigen (aus Kalamata) oder Crème brulée.

Das Geheimnis dieser speziellen Eiscreme? Sie wird ganz nach italienischer Art und mit den besten frischen italienischen und griechischen Zutaten gemacht. Und das, obwohl „Le Greche" ja eigentlich „der Grieche" bedeutet. Aber die Inhaberin Maestro Gelatiere Evi Papadopoulou hat ihr Handwerk in Brescia, in der Nähe von Mailand, beim bekannten italienischen Maestro Gelatiere Francesco Palmieri gelernt. Warum also nicht aus beiden Welten das Beste zusammenbringen?

Das dachte sich auch Evi und zaubert nun seit 2014 ihre Eiskreationen mitten in Athen – nur mit frischen Zutaten sowie ohne künstliche Farb- und Konservierungsstoffe. Letztere sind natürlich sowieso nicht nötig, denn wer lässt so köstliche Eiscreme schon lange stehen?! Frische Früchte der Saison, die beste Schokolade der Welt und der Sinn für Nachhaltigkeit lassen hier Eiscremekunstwerke entstehen, die Liebhaber zum Schwärmen bringen – Eistorten, Pavlova-Kuchen und sogar Panettone (in einer Verpackung von Dolce & Gabbana!) vervollständigen das große Angebot. Oder wie wäre es mit einem kurzen Stopp an der Bar? – Ein heißer, starker Espresso mit köstlicher Vanille-Eiscreme oder ein Cocktail – unvergleichlich!

● Le Greche, Mitropoleos 16, 105 63 Athen, Tel. (+30 21) 67 00 64 58
● ÖPNV: Haltestelle Syntagma

Baba Napoletano
2,50 €
4,00 €
Baba al Rhum
Napoletano
OUR ADRESSES
16, MITROPOLEOS ST.
2-10, LYKOURGOU ST.
456, L. MESOGEION,
GELATO

In bester Gesellschaft

25

Museum Haus Katakouzenos

Sich in das Goldene Zeitalter der privaten kulturellen Athener Salons zurückversetzen und dieser vergangenen, einzigartigen Atomsphäre nachspüren – das kann man im Museum Haus Katakouzenos, einem kleinen Geheimtipp in Athen. Noch heute kann man sich gut vorstellen, wie hier diskutiert, Pläne geschmiedet und Politik gemacht wurden.
Das Museum befindet sich in der einstigen Wohnung von Angelos und Leto Katakouzenos. Das bekannte Ehepaar zählte zu seiner Zeit zur intellektuellen Elite. Er, Neurologe mit internationalem Ruf, und sie, Schriftstellerin, die sich während der Besetzung durch die Nazis im Untergrund engagiert hatte, gehörten zur sogenannten Generation der 30er-Jahre. Diese Gruppe von Künstlern, die zwischen 1930 und 1940 bekannt wurde, wollte die griechische Literatur und Malerei modernisieren.

TIPP

Vor einem Besuch das Museum kontaktieren – es ist nicht immer geöffnet.

Ganz im Sinne der damaligen Zeit scharten Angelos und Leto von 1960 bis in die 90er-Jahre bekannte Philosophen, Schriftsteller, Musiker und Maler aus dem In- und Ausland um sich und wurden zum Zentrum kulturellen Lebens in Athen. Bei ihnen gingen so bekannte Namen wie Albert Camus, William Faulkner, Marc Chagall, Hubert Humphrey, Giorgos Seferis und Jannis Moralis ein und aus. Der bedeutende griechische Komponist Manos Cha-tzidakis hat hier seine Werke erstmals vor Publikum präsentiert und auf dem Klavier des Paares getestet.
Wohnzimmer und Büro der Wohnung sind im typischen Stil der damaligen Jahre eingerichtet und werden für Lesungen, Ausstellungen und Konzerte genutzt. Darüber hinaus lassen mehr als 60 Gemälde (darunter „La tête blonde de Lito dans le bleu Chagall" von Chagall), Hunderte von Zeichnungen, Möbel und Dekorationen der einstigen Besitzer den Geist der damaligen Jahre aufleben. Außerdem vermitteln auch zahlreiche Manuskripte und Briefe der Katakouzenos an ihre berühmten Freunde einen Eindruck dieser spannenden Ära.

● Museum Haus Katakouzenos, Leoforos Vasilisis Amalias 4, 5. Etage, 105 57 Athen, Tel. (+30 21) 03 22 21 44, katakouzenos.gr
● ÖPNV: Haltestelle Syntagma

Besuch bei Freunden

26 Kaffee und mehr im Kimolia Art Café

Im September 2011 entdeckte Katerina Vavena in der Athener Plaka ein über 100 Jahre altes Gebäude, das scheinbar nur noch auf sein Ende wartete. Doch es dauerte nur einige wenige Stunden, da änderte sich alles und Katerina hatte die Inhaberin Elina von ihrer Idee eines einzigartigen Cafés in ihrem Haus überzeugt. Und statt eines traurigen Endes folgte ein hoffnungsvoller Neuanfang: Nach 3 Monaten harter Arbeit und viel Hilfe von befreundeten Handwerkern öffnete am 17. Dezember 2011 das Kimolia Art Café seine Türen.

Nicht nur für das Haus ein Glücksfall, sondern auch für alle Gäste, denn ein Besuch im Kimolia fühlt sich nicht an wie der Besuch in einem Café, sondern vielmehr wie ein Treffen mit Freunden. Mit kreativen, lebensfrohen und kunstinteressierten Freunden. Denn das Kimolia überrascht nicht nur mit kunterbunten Wänden, sondern auch mit wechselnden Kunstwerken. Ja, das gesamte Café ist ein einziges Sammelsurium mit Vintage-Sofas, farbenfrohen Stühlen, Blumen auf den Tischen und Omas Wandtapete. Alles wundervoll dekoriert und mit leiser Hintergrundmusik unterlegt. In jedem Sommer schließt das Café für 3 Wochen seine Türen, wird renoviert, neu erdacht und neu erfunden. Und setzt damit ein Zeichen gegen Massentourismus und gesichtslose, austauschbare Treffpunkte.

Der Name des Kimolia verrät eine weitere Leidenschaft Katerinas – „Kimolia“ bedeutet „Kreide“, und mit diesem Werkstoff entstanden ihre ersten Zeichnungen. Aus Kreide wurden dann Stifte und aus Stiften Pinsel. Doch mit der Zeit gerieten auch diese in Vergessenheit. Erst mit Eröffnung des Kimolia traten Worte und Farben in Katerinas Leben und das ihrer Gäste. Glück gehabt, möchte man da sagen – ohne dieses zauberhafte Café wäre Athen um einen einzigartigen Ort ärmer.

- Kimolia Art Café, Iperidou 5, 105 58 Athen, Tel. (+30 21) 11 84 84 46
kimolia-art-cafe.gr
- ÖPNV: Haltestelle Syntagma oder Philellenon

Die Magie des Meeres

27 Sonnenuntergang am Kap Sounion

„Der Weg ist das Ziel", lautet ein Zitat des chinesischen Philosophen Konfuzius, das einem auf dem Weg zum südlichsten Punkt Griechenlands unwillkürlich in den Sinn kommt. Schon die etwa 40-minütige Fahrt nach Kap Sounion raubt einem den Atem. Sie führt entlang der malerischen Küste des Saronischen Golfs, mit dem Blick auf traumhafte Strände, noble Villen und natürlich das Türkisblau des Meeres. Dazu der Geruch salziger Luft und die Wärme der Sonne auf der Haut … so fühlt sich Glück an.

Und am Ende dieser unglaublichen Fahrt wartet mit dem Tempel von Poseidon eine der schönsten archäologischen Stätten Griechenlands auf einen. Der Tempel entstand im 5. Jahrhundert vor Christus und thront auf einem felsigen Hügel, etwa 60 Meter über dem Meer. Einst verfügte er über 42 weiße dorische Marmorsäulen, von denen heute leider nur noch 16 Säulen erhalten sind bzw. wieder aufgestellt wurden. Errichtet wurde er zu Ehren des Meeresgottes Poseidon und war in der Antike für davonsegelnde Schiffe das letzte Zeichen der Heimat und für ankommende der erste Willkommensgruß. Was muss das für die Männer, die monatelang auf See waren, für ein Anblick gewesen sein – endlich wieder zurück in der Heimat! An dieser Stelle wurden auch Opfer dargebracht, um für eine gesunde Heimkehr zu beten bzw. zu danken. Die alten Griechen wussten genau, was sie taten, als sie diesen unvergleichlichen Naturschauplatz wählten!

Denn nicht die antiken Ruinen alleine sind hier das Highlight, sondern auch ihre Nähe zum Wasser und die unglaubliche Aussicht auf das Mittelmeer. An guten Tagen kann man sogar bis zur Insel Milos sehen, die 100 Kilometer entfernt liegt. Das Licht der untergehenden Sonne scheint an diesem Ort besonders schön, und vor der Kulisse des Meeres und des ehemaligen Tempels wird jeder Sonnenuntergang zu einem unvergleichlichen Erlebnis. Und auch wenn alle anderen sicherlich den Fotoapparat zücken – am besten lässt man Smartphone oder Kamera einfach mal stecken und genießt nur den Augenblick!

● Kap Sounion, Athinon-Souniou, 195 00 Lavreotiki
odysseus.culture.gr
● ÖPNV: KTEL-Busse ab Areos Park, Odos Mavromatéon 14, Tel. (+30 21) 08 80 80 00

Grüße von Mary Poppins

28 Überraschung im Little Kook

Manchmal braucht man ein wenig Magie in seinem Leben. Und Magie gibt es mehr als genug in Athen. Nicht nur auf der Akropolis oder im Odeon des Herodes Atticus, sondern auch im wunderbaren und märchenhaften Themen-Café Little Kook im angesagten Stadtviertel Psirri. Besonders beliebt bei Kindern, aber selbst für Erwachsene noch ein echtes Erlebnis. Denn seit 2015 kann man hier für einige Zeit das reale Leben vergessen und sich in eine ebenso bizarre wie zauberhafte Traumwelt versetzen.

Zwar sind die zahllosen Köstlichkeiten, die man hier genießen kann, durchaus einen Besuch wert. Aber die eigentliche Sehenswürdigkeit ist das Little Kook selbst. Schon vor dem Eingang zieht es Besucher in seinen Bann. Farbenfrohe Lichter, bunte Regenschirme und originelle Straßenlampen stimmen bereits auf dieses etwas andere Café ein und erinnern an die Kulissen großer Kinofilme.

Die Dekoration des Little Kook variiert je nach Jahreszeit – Karneval, Halloween oder Weihnachten – und Thema – Alice im Wunderland, Mary Poppins, Pirates of the Caribbean – und lässt nicht nur Kinderträume wahr werden. Die üppige geschmückte Fassade kündigt mit Hexen, Einhörnern, Piraten oder sogar mit einem Drachen oder einer Kutsche an, was einen im Inneren erwartet: Kitsch as kitsch can.

Aber das so gekonnt, dass man eigentlich gar nicht genug davon bekommen kann. Mehrere kleine Räume auf verschiedenen Ebenen, üppig dekorierte Treppen, kleine verborgene Ecken – überall gibt es etwas zu sehen und zu entdecken. Die netten und gut gelaunten Kellnerinnen und Kellner sind selbstverständlich in passende Kostüme gekleidet und scheinen geradewegs einem Märchenbuch entsprungen zu sein. Das Glück komplett machen neben Kaffee, heißer Schokolade, Säften und alkoholischen Getränken vor allem süße Kuchen, Cupcakes und Crepes. Hier ist wirklich jeder Besuch ein kleines Abenteuer – versprochen!

● Little Kook, Karaiskaki 17, 105 54 Athen, Tel. (+30 21) 03 21 41 44
● ÖPNV: Haltestelle Monastiraki

ook and Mary Poppins

Innovativ und lebendig

29 Mal hier, mal da – Meet Market

Wie vielfältig, lebendig und kreativ das Athen des 21. Jahrhunderts ist, kann man auf dem Meet Market erleben, einem zeitgenössischen Design-Markt, der einmal im Monat stattfindet.
Seine Geschichte ist schnell erzählt und trotzdem eine echte Erfolgsstory: Im Jahr 2007 entwickelte sich aus einem kleinen Weihnachtsmarkt die Idee eines neuen, innovativen Marktes ohne festen Standort. Mit zunächst 20 Ausstellern, darunter Designer, Handwerker und Sammler, wurde ein alternatives Konzept mit erstklassigen lokalen Produkten zu fairen Preisen zunächst erdacht und dann realisiert. Mit der Zeit wurde der Markt größer und größer, zog immer mehr Verkäufer und Besucher an und wurde schließlich zu einem festen monatlichen Event. Und einem echten „Get together" zum Austausch von Ideen und Visionen.
Einmalig ist der wechselnde Charakter des Meet Markets. Über 100 Märkte fanden inzwischen an mehr als 25 unterschiedlichen Standorten in und um Athen herum statt, wie zum Beispiel Technopolis City und im Hafen von Piräus. Jeder mit einer ganz eigenen Atmosphäre, denn durch die wechselnden Standorte hat jeder Markt seinen individuellen Charakter und ermöglicht es, immer wieder mit unterschiedlichen Menschen und Partnern zusammenzuarbeiten.
Doch hierher kommt man nicht nur zum Kaufen oder Verkaufen. Vielmehr geht es bei diesem Markt auch um Unterhaltung, Austausch und Inspiration. Musik, Workshops und Seminare, Theater, Tanzkurse, Stand-up-Comedy, Live-Konzerte, Ausstellungen und interaktive Spiele finden parallel zum eigentlichen Markt statt und verwandeln alles in ein großes, farbenfrohes Event. Und es zeigt sich, dass das „Meet" in „Meet Market" wirklich wortwörtlich gemeint ist.
Und das Wichtigste: Jeder ist willkommen, niemand wird ausgegrenzt. Im Gegenteil – je bunter und abwechslungsreicher, desto besser! Jeder ist eingeladen, sich zu beteiligen und Spaß zu haben. Man sollte die Organisatoren also ruhig beim Wort nehmen!

● Meet Market, themeetmarket.gr/en

Museum für lau

30 Kunst entdecken in der Athener Metro

Die Athener Metro hält einige Überraschungen bereit …. großstadtgeplagten Benutzern öffentlicher Verkehrsmittel fällt nämlich schnell auf, wie sauber und gepflegt die meisten Stationen sind. Wer die U-Bahnhöfe in Berlin, Paris, Rom oder London kennt, wird staunen!
Es heißt, dass die Athener ihre Metro lieben. Deshalb wird nicht geraucht, nicht gegessen und nicht getrunken – und diese Verbote werden sogar weitgehend eingehalten. Sowohl an den Stationen als auch in den Wagen selbst.
Stattdessen bekommt seit der Eröffnung der neuen Metro im Jahr 2000 jeder Besucher ganz nebenbei antike Kunstwerke und Ausstellungsstücke präsentiert. Quasi Kunst to go, zum Teil sogar original. Geschichte wird hier unmittelbar erlebbar, ganz ohne Museumsbesuch. Das gibt es nur in wenigen U-Bahnen Europas. So erwartet zum Beispiel die Fahrgäste der Metrolinie 2 an der Station Akropolis eine Kopie des westlichen Frieses des Parthenon-Tempels.
Absolutes Highlight ist der Lichtschacht der Metrostation Syntagma, der einen Querschnitt durch die alten Bebauungsschichten zeigt. Auch Monastiraki, Panepistimio und Kerameikos präsentieren Ausstellungsstücke, die zumeist beim Bau der neuen Metro im Jahre 2000 gefunden, restauriert und dann ausgestellt wurden. Mehr als 50.000 Skulpturen, Säulen, Vasen oder Mauern sollen es gewesen sein. Viele befinden sich heute am Eingang oder im jeweiligen Zwischengeschoss der Stationen. In Piräus gibt es sogar ein kleines Museum.
Aber nicht nur die Vergangenheit, sondern auch die Kunst der Gegenwart hat ihren Weg in die Metro gefunden. Stationen wie Larissis haben schon Werke von Jannis Gaitis gezeigt und in Metaxourgio konnten Bilder von Alekos Fassianos bewundert werden. Diese und andere Ausstellungen sollen der Förderung des griechischen Kulturerbes und der Verbesserung der Lebensqualität in Athen dienen. Insgesamt haben die Stationen Chalandri, Dafni, Omonia, Ambelokipi, Megaro Moussikis und Ethniki Amyna Kunst von insgesamt 24 zeitgenössischen Künstlern ausgestellt.

● Kunst in der Athener Metro, Metrostationen Akropolis, Syntagma, Monastiraki, Panepistimio, Kerameikos

Stein für Stein zum Glück

31 Kreativ sein im 13 Mosaic Studio

Wer nach all dem Umherlaufen, Schauen und Staunen lieber selbst mal etwas erschaffen möchte, der ist im Mosaikstudio von Laura und Marina in guten Händen. In ihrem Künstleratelier in der lebhaften Ermou-Straße kann man in einem kleinen Workshop sein eigenes Athen-Andenken aus kleinen Mosaiksteinchen anfertigen und dann mit nach Hause nehmen.

Als sich die Mosaikkünstlerin Laura und die Innenarchitektin Marina bei einem großen 3-D-Mosaikprojekt in Athen trafen, wurde schnell klar, dass dies der Beginn einer erfolgreichen und leidenschaftlichen Zusammenarbeit sein würde. Im Mittelpunkt die Welt der Mosaike und das Ziel, Tradition mit der heutigen Zeit zu verbinden. Dass die beiden Inhaberinnen lieben, was sie tun, wird sehr schnell deutlich. Sie sind mit Leidenschaft bei der Sache, und Antike trifft auf Moderne. Die kreativen Gestaltungsmöglichkeiten scheinen nahezu unbegrenzt. Die Reise in die Welt des Mosaiks beginnt mit einer kleinen Einführung in die Geschichte der Mosaikkunst und ihrer heutigen Verbreitung und Verwendung. Denn auch wenn ihr Ursprung im Altertum liegt, ist sie nach wie vor aktuell und wird von Laura und Marina vor allem durch moderne Motive und Anwendung wiederbelebt. Florale oder geometrische Muster, Tierfiguren und Symbole – der Kreativität sind kaum Grenzen gesetzt.

Nach der Theorie kommt natürlich die Praxis – man wählt ein Muster aus traditionellen und modernen Vorlagen aus, und ran geht's, an die kleinen Steinchen! Und man erlebt, wie aus der richtigen Kombination von Materialien wie Marmor oder Naturstein und Farben wunderbare kleine Mosaike entstehen. Es versteht sich von selbst, dass bei dieser „Arbeit" der Spaß nicht zu kurz kommt. Im Gegenteil, es bleibt viel Zeit fürs Entspannen, Quatschen und Lachen. Zum Schluss hält man ein eigenes kleines Kunstwerk in den Händen, das man als einzigartige Erinnerung mit nach Hause nehmen kann!

- 3 Mosaic Studio, Ermou 36, 105 63 Athen, Tel. (+30 69) 77 77 20 04
13mosaicstudio.com
- ÖPNV: Haltestelle Monastiraki, Syntagma oder Metropole

Beste Aussichten

32 Blick vom Stadtberg Lycabettus

Kaum ein Reiseführer, der nicht den Hausberg Athens erwähnt und in den höchsten Tönen lobt. Und das völlig zu Recht. Denn der Blick über Athen und das Meer ist wirklich grandios und auf jeden Fall einen Besuch wert.

Mit seinen 277 Metern ist der Kalksteinfelsen höher als die Akropolis und bestimmt die Aussicht auf Athen bereits von Weitem. Ob man den Weg zum Gipfel zu Fuß angeht oder die bequeme Standseilbahn wählt, bleibt jedem selbst überlassen. Entscheidet man sich allerdings für den Fußweg, so ist schon der Aufstieg zwischen herrlichen Agaven und Pinien ein Erlebnis. Oben erwartet einen nicht nur ein toller Ausblick, sondern auch ein kleines Bistro, in dem man sich für den Rückweg stärken kann.

Der Lycabettus ist aber vor allem für seine Sonnenuntergänge berühmt. Daher kommen vor allem Liebespaare gerne hierher, um die abendliche Stimmung und den romantischen Sonnenuntergang beim typischen Gesang der Zikaden zu genießen. Selbst wenn man nicht verliebt sein sollte: Bei Dunkelheit bietet das hell erleuchtete Athen einen nahezu magischen Anblick. Das alleine ist schon einen Besuch wert. Der Vorteil eines Ausflugs in den frühen Morgenstunden ist jedoch, dass man dann hier weitgehend alleine ist und die frische Morgenluft einen mit angenehmer Kühle begrüßt. Perfekt für den kompletten und nicht ganz mühelosen Aufstieg zu Fuß.

Aber nicht nur die Sonnenuntergänge am Lycabettus sind legendär. Ebenfalls unvergessliche Momente kann man beim beliebten Musik-Festival im Juni erleben: Dann gibt es im Freilichttheater Pop- und Rockmusik unter freiem Himmel! Die Liste der Stars, die bisher am Lycabettus aufgetreten sind, ist lang. Bob Dylan, Ray Charles, Black Sabbath und die Scorpions sind nur einige von ihnen. An solch einem Abend ist Gänsehaut garantiert – versprochen! Ganz gleich, ob gerade die Sonne untergeht oder nicht!

● Stadtberg Lycabettus, 114 71 Athen
lycabettushill.com
● ÖPNV: Haltestelle Evangelismos 1

Ungewohnte Perspektiven

33 Sich täuschen lassen im Museum of Illusions

Einfach mal die Perspektive wechseln, die Welt mit anderen Augen betrachten und die vertrauten Pfade verlassen. Wenn man dies gerne einmal versuchen möchte, dann ist man im Museum of Illusions gut aufgehoben. Hier ist nichts, wie es scheint, und Verwirrung ist vorprogrammiert. Doch genau das ist ja der Plan und auf jeden Fall gewollt. Denn in diesem Museum erfährt man die Welt auf viele überraschende und vor allem neue Arten und Weisen. Ein echtes visuelles und sensorisches Abenteuer für die kleinen grauen Zellen!
Hologramme, optische Täuschungen und abenteuerliche Illusionen, ob Vortex-Tunnel oder „Upside Down"-Zimmer – überall werden die Regeln der Schwerkraft und der Vernunft scheinbar auf den Kopf gestellt. Und das gilt für Kinder ebenso wie für Erwachsene. Kurz gesagt: Das Museum of Illusions ist der perfekte Ort für einen Familientag.
Im „Playroom" können die Besucher jeden Alters spielen, sich messen und mit den gefürchteten „Dilemma games", hölzernen Puzzles und Spielen, die ein echtes Fitnesscenter für unseren Verstand darstellen, lernen. Schnell zeigt sich, wie ein- und festgefahren unser Denken tatsächlich ist. Und wie schwer es uns fällt, optischen Täuschungen zu misstrauen und ihnen zu widerstehen.
Zu jedem Erlebnis gibt es detaillierte Erklärungen in Englisch und Griechisch. Freundliche Angestellte beantworten gerne Fragen zu den einzelnen Illusionen, wenn es mit dem Verständnis im ersten Moment nicht so klappt. Manches erschließt sich relativ schnell, für manches braucht unser Gehirn eben etwas länger. Mit jeder Attraktion lernen wir etwas Neues über uns und unseren Blick auf die Welt!
Ein Tipp zum Schluss: Man sollte seinen Augen nicht immer trauen und die Kamera mitnehmen! Dann kann man nach einem Besuch alles noch einmal Revue passieren lassen und vielleicht besser verstehen, was man gesehen hat.

● Museum of Illusions, Ermou 119, Eingang Astiggos 12, 105 55 Athen,
Tel. (+30 21) 03 63 96 27 , museumofillusions.gr/en
● ÖPNV: Haltestelle Thissio oder Monastiraki

Blick in die Sterne

34 Faszinierendes im Nationalen Observatorium

Nur selten schaut man bei einer Reise nach Athen gezielt in den Himmel. Warum auch? Schließlich gibt es unten auf der Erde schon mehr als genug zu sehen. Doch vor allem am Abend lohnt sich solch ein Blick in den Sternenhimmel. Zum Beispiel vom Mount Lycabettus nach Sonnenuntergang.

Doch noch besser eignet sich zum Sternegucken ein Abstecher ins Nationale Observatorium. 1842 wurde auf dem Hügel der Nymphen, direkt über Athen, sein Grundstein gelegt. Damit ist es die älteste Forschungseinrichtung auf dem Balkan. Bis heute wird hier nicht nur die Geschichte der griechischen Astronomie aufgezeigt, sondern es werden ebenso aktuelle wissenschaftliche Forschungsprojekte präsentiert. Interessant ist seine Architektur: Das vom dänischen Architekten Theophil Hansen entworfene Gebäude ist kreuzförmig aufgebaut, und jeder der vier Arme zeigt in eine Himmelsrichtung.

Maßgeblichen Einfluss auf die Entwicklung des Observatoriums hatte der Deutsche Johann Friedrich Julius Schmidt, der 1858 zum Direktor berufen wurde. Er führte mehr als 70.000 Beobachtungen veränderlicher Sterne durch, studierte Kometen ebenso wie Meteore und entdeckte sogar zweimal eine Supernova. Keine schlechte Bilanz! Doch auch für Nichtastronomen hält das Observatorium durchaus Faszinierendes bereit: So zählen zu den absoluten Highlights der unterschiedlichen Events und Kurse eindeutig die nächtlichen Führungen.

Durch das nahe gelegene Doridis-Teleskop kann man dann selbst einen Blick auf Mond, Mars, Jupiter & Co. werfen. Das Teleskop wurde im Jahre 1902 erbaut, hat eine Linse von 40 Zentimetern im Durchmesser und eine Länge von 5 Metern. Damit war es bis 1959 sogar das größte Teleskop Griechenlands! Ganz schön beeindruckend. Ein Blick hierdurch, und man betrachtet den Sternenhimmel über Athen mit ganz anderen Augen. Versprochen!

TIPP

Vor einem Besuch auf jeden Fall die aktuellen Tourenzeiten checken! Außerhalb dieser Zeiten ist das Observatorium geschlossen.

- Nationales Observatorium, Lofos Nymfon, 118 10 Athen, Tel. (+30 21) 03 49 00 00
noa.gr
- ÖPNV: Haltestelle Thissio oder Monastiraki

Die grüne Lunge von Athen

35 Auf ein Picknick in den Nationalgarten

Denkt man an Athen, hat man direkt ein Gewimmel von Straßen und Autos vor Augen und rechnet mit Abgasen, Hektik und Lärm. Doch schaut man genauer hin, so entdeckt man an vielen Ecken kleinere und größere Grünanlagen. Die schönste und größte im Zentrum ist der Nationalgarten. Als er 1840 in der Nähe des Syntagma-Platzes eröffnet wurde, da war er noch ein Schlossgarten und gehörte dem griechischen König Otto.

Doch wenn man heute nach all den antiken Baudenkmälern, touristischen Highlights und Besucherschlangen einmal eine Pause braucht, dann ist man im kostenlosen Nationalgarten herzlich willkommen.

Denn im Jahre 1923, nachdem die Königsfamilie in einen neuen Palast zog, wurde der Park für die Öffentlichkeit zugänglich gemacht und 2004 der Stadt zur kostenfreien Nutzung überlassen. Heute wird er hauptsächlich von Ehrenamtlichen gepflegt. Von Sonnenaufgang bis Sonnenuntergang können Athener und Besucher gleichermaßen hier auf etwa 16 Hektar vom Alltag entspannen, sich eine Bank zum Ausruhen suchen oder mit einem selbst mitgebrachten Picknick stärken. Vom Lärm der Stadt ist hier nichts mehr zu hören!

Das Außergewöhnliche an diesem Park sind seine exotischen Pflanzen. Denn Königin Amalia, die Ehefrau König Ottos, erteilte dem damaligen Gärtner und Gartenarchitekten Friedrich Schmitt die Aufgabe, exotische Setzlinge aus aller Welt zu besorgen. Er importierte etwa 500, und heute ist der Nationalgarten die Heimat für über 15.000 einheimische und subtropische Pflanzenarten. Farbenfrohe Blumenbeete wechseln sich ab mit Palmenalleen, kleinen Seen und wundervoll gestalteten Grünanlagen. Es lohnt sich, das kleine botanische Museum oder das Park-Café zu besuchen, bevor man sich wieder in das Gewimmel der Stadt stürzt.

1939 beschrieb Henry Miller den Nationalgarten in seinem Werk „Der Koloss von Marousi" und sprach von der Quintessenz eines Parks und einem Ort, von dem man träumt und ihn dennoch nie findet. Eine wirklich treffende Beschreibung dieses fast schon magischen Gartens.

● Nationalgarten, Leoforos Vasilisis Amalias 1, 105 57 Athen
cityofathens.gr
● ÖPNV: Haltestelle Syntagma

ΒΟΤΑΝΙΚΟ ΜΟΥΣΕΙΟ ΕΘΝΙΚΟΥ ΚΗΠΟΥ

Auszeit vom Alltag

36 Weihnachten in der Noel Bar

Ein wunderbarer Ort, nicht nur zur Winter- und Weihnachtszeit, ist die bekannte Bar Noel. Am Eingang begrüßen goldfarbene Samtvorhänge die Besucher und eröffnen dem neugierigen Besucher den Weg in eine unvergleichliche Traumwelt: Rot und blau tapezierte Wände, riesige Spiegel und dicke Teppiche, goldfarbene Kerzen- und Kronleuchter, überdimensionale Zuckerstangen und Reproduktionen berühmter alter Gemälde bieten einen überwältigenden Anblick.

Und auch wenn hier nicht an jeder Ecke Weihnachtskugeln, Elfen und Weihnachtsmänner herumstehen oder -liegen – das Gefühl, an Weihnachten nach Hause gekommen zu sein, macht sich schon in der ersten Minute bemerkbar und ist einfach nicht von der Hand zu weisen. Nur allzu gerne überlässt man sich für einige Zeit dieser festlichen und sinnlichen Atmosphäre. Manch einer findet vielleicht, dass es von allem ein wenig zu viel ist, aber für einen Zufluchtsort wie diesen ist es genau richtig.

Eröffnet wurde die elegante Traumwelt aus einer Mischung von Barock, Art déco, und kubanischem Flair für diejenigen, die sich gern für kurze Zeit mal in eine Traumwelt versetzen lassen möchten. Tatsächlich vergisst man seinen Alltag nirgendwo bereitwilliger und schneller als an diesem Ort. Und wann immer man eine Portion Weihnachtsgefühl benötigt – hier wird man fündig! Das wissen nicht nur Kinder zu schätzen, und so ist das Noel eigentlich immer gut besucht.

Dies liegt natürlich nicht nur an der einzigartigen Deko, sondern ebenso an der umfangreichen Speise- und Getränkekarte, die keine Wünsche offenlässt. Und an solchen Cocktails wie zum Beispiel dem „Last Christmas" mit Rum, Brandy, Ginger, Zitrone und dunkler Schokolade. Hier weiß man eben, was man tut! Ach ja, Jazz, Soul und Funkmusik gibt es auch! Man könnte glauben, dass das alles nicht zusammenpasst. Doch ein Besuch in der Noel Bar überzeugt einen schnell vom Gegenteil! Immerhin halten viele das Noel für eine der schönsten Bars in Athen, und man möchte ihnen nicht widersprechen.

● Noel Bar, Kolokotroni 59 b, 105 62 Athen, Tel. (+30 21) 12 15 95 34
noelbar.gr
● ÖPNV: Haltestelle Monastiraki

Gänsehaut garantiert

37

Imposant – Odeon des Herodes Atticus

In einer Stadt wie Athen etwas Außergewöhnliches zu sein, ist nicht einfach. Doch aus der Zahl der Sehenswürdigkeiten ragt das Odeon des Herodes Atticus auf jeden Fall heraus. Die Geschichte dieses Bauwerks (die Athener bezeichnen es kurz als „Herodion") beginnt romantisch: Herodes Atticus schenkte im Jahr 161 nach Christus dieses Theater seiner Heimatstadt und widmete es dem Andenken seiner Frau Regilla. Welche Frau würde sich nicht über solch ein Andenken freuen? Erst recht, da es bis heute als einer der schönsten antiken Theaterbauten Griechenlands gilt.

Herodes Atticus war Redner, Politiker und Mäzen, der sowohl in Athen als auch im griechisch-römischen Reich zahlreiche politische Ämter innehatte. Von seinem Vater erbte er ein großes Vermögen, mit dem er vor allem viele Bauten finanzierte, darunter das alte Athener Stadion, eine Wasserleitung und eine Brunnenanlage in Delphi. Doch das nach ihm benannte Odeon an der Flaniermeile der Dionysiou Areopagitou ist wirklich etwas Besonderes. Das Theater nach römischer Bauart umfasst 32 steil ansteigende Sitzreihen aus Marmor mit insgesamt 5000 Plätzen und wird seit den 1930er-Jahren wieder regelmäßig für Veranstaltungen genutzt. Lange Zeit zählte es zu den beliebtesten Veranstaltungsorten für Ballett, Oper und alte griechische Tragödien und wurde von 1952 bis 1953 aufwendig restauriert.

TIPP

Eine Aufführung im Rahmen des Athener Festivals erleben – einzigartig!

Stars wie Maria Callas, Mikis Theodorakis, Luciano Pavarotti, Frank Sinatra und Nana Mouskouri gaben sich hier in den letzten Jahren die Ehre und verhalfen dem Odeon zu neuem Leben. Sitzt man auf den steinernen Rängen dieses restaurierten Freilufttheaters und erlebt ein solches Konzert, fühlt man sich wirklich zurückversetzt in vergangene Zeiten. Und im Kopf ist nur noch Platz für einen einzigen Gedanken – ist das schön!

- Odeon des Herodes Atticus, Dionysiou Areopagitou, 105 55 Athen, Tel. (+30 21) 03 24 18 07, odysseusculture.gr
- ÖPNV: Haltestelle Akropolis oder Monastiraki

Die Faszination des Chaos

38 Herausforderung Omonia-Platz

In seinem Reiseführer „Quer durch Athen. Eine Reise von Piräus nach Kifisia" urteilte der griechische Schriftsteller Petros Markaris hart über den Omonia-Platz und sagte ihm nach, er wäre perfekt, um einen Ausländer auf die Probe zu stellen. Dafür solle man ihn im Sommer nicht nach Korfu, Rhodos über Mykonos schicken, sondern besser in der größten Hitze nach Athen, auf den Omonia-Platz. Mit seinen verstopften Straßen, den lauten Hupkonzerten und der gleißenden Sonne stelle er eine echte Herausforderung dar. Und jeder, der nicht flüchten würde, sondern stattdessen das Chaos mit einer Mischung aus Verwunderung und Glückseligkeit beobachte, der würde sich innerhalb von 3 Monaten in Athen einleben.

Um es direkt vorweg zu sagen: Markaris hat durchaus recht. Wer an diesem pulsierenden Verkehrsknotenpunkt Athens nicht gleich die Flucht ergreift, wer dafür das pralle Leben und das scheinbare (oder tatsächliche) Chaos genießen kann, den wird dieser Platz glücklich machen. Hier – wie woanders auch – wirkt die Lebendigkeit Athens wie eine Droge ohne größere Nebenwirkungen. Vor allem diese Energie ist es, die Athen-Liebhaber immer wieder aufs Neue hierher zurückkommen und den einen oder anderen sogar bleiben lässt. Möchte man gerne ein Teil dieser Lebendigkeit werden und ist man bereit, Athen ungeschminkt zu erleben (und zu ertragen!), ist man hier hervorragend aufgehoben. Denn der Omonia-Platz ist der Mittelpunkt dieses unnachahmlichen Lebensgefühls, das beinahe jeden in seinen Bann zieht. Leider hatte die Zeit dem einstigen Vorzeigeplatz übel mitgespielt, sodass er zuletzt so einiges von seinem ehemaligen Glanz verloren hatte. Doch glücklicherweise wurde er vor Kurzem neu gestaltet, und in Zukunft soll er sogar Teil der neuen 6,8 Kilometer langen Fußgängerzone („Great Athens Walk") werden. So bleibt nur zu hoffen, dass er wieder zu dem lebendigen Zentrum wird, das er über viele Jahre war. Die Zeichen stehen jedenfalls auf Veränderung!

- Omonia-Platz, 104 31 Athen
- ÖPNV: Haltestelle Omonia

Romantische Stunden

39 Ausflug zur Insel Hydra

Wem ein Ausflug an den Strand oder in den Hafen Mikrolimano nicht genug ist, dem bietet sich die Möglichkeit, von Piräus einen unvergesslichen Trip zur Insel Hydra zu unternehmen. In ein bis eineinhalb Stunden ist man mit einem Flying Dolphin oder einer Flying Cat auf diesem malerischen Eiland im Saronischen Golf. Mit der Fähre dauert es etwa 3 Stunden, dafür hat man aber ein bisschen mehr von der Fahrt.

Auf Hydra angekommen, erlebt man dort das absolute Kontrastprogramm zu Athen, denn die Insel ist bekannt als Juwel des Saronischen Golfs. Keine Autos, keine Roller, ja – überhaupt keine Kraftfahrzeuge, außer kleinen Feuerwehr- und Müllautos. Mehr ist hier nämlich nicht zugelassen. Stattdessen nur Esel und Maultiere, die wie vor 100 Jahren den Transport von Waren übernehmen, winzige Gassen, die mit Marmor gepflastert sind, kleine Felsbuchten und das Meer. Hydra selbst ist karg und felsig und hat sich im Gegensatz zu vielen anderen Orten den Charme und die Ursprünglichkeit des 17. und 18. Jahrhunderts bis in die Moderne bewahrt.

Dies hat die Insel sicher auch ihrem Status als denkmalgeschütztes Architekturreservat zu verdanken, denn auf der gesamten Insel sind Neubauten strikt verboten. Und so prägen noch immer prunkvolle Villen, aber ebenso kleine volkstümliche Häuser aus dem 18. und 19. Jahrhundert das Bild dieser Inselperle. Sie alle erinnern an die Zeit, als Seefahrer der Insel großen Reichtum brachten. Doch man sollte sich nicht täuschen lassen – sogar auf Hydra ist die Zeit nicht stehen geblieben. In den 1960er-Jahren wurde es von vielen Künstlern entdeckt und verdankt diesen bis heute seine Beliebtheit bei Kunstinteressierten und Berühmtheiten sowie sein kosmopolitisches Flair.

Ein Tag auf Hydra ist wie ein Kurzurlaub im Urlaub: kein Muss aber eine wunderbare Erfahrung, die Balsam für die Seele ist.

TIPP

Die Hydra-Tour kann man gut mit einem Besuch der Inseln Ägina und Poros verbinden.

● Insel Hydra, directferries.de/piraeus_hydra_faehre.htm

Joggen auf alten Pfaden

40 Sport im Panathinaikos-Stadion

Niemand braucht in Athen auf sportliche Betätigung zu verzichten. Vielleicht möchte ja der eine oder andere all die Köstlichkeiten, die an jeder Straßenecke auf ihn warten, beim Joggen wieder abtrainieren. Hierfür gibt es mehrere Möglichkeiten. Man kann im Nationalgarten laufen oder auf dem Philopappos-Hügel. Beides absolut wunderbar. Doch eine der reizvollsten Strecken, die durch ihre einzigartige Atmosphäre besticht, ist ganz sicher die 500 Meter lange Laufstrecke am oberen Rande des Panathinaikos-Stadions. Zugleich ist sie noch eines der bestgehüteten Geheimnisse in Athen.
Das Stadion, auch Kallimarmaro – „schöner Marmor" – genannt, wurde auf den Resten seines antiken Vorgängers von 330 v. Chr. errichtet und zur Durchführung der ersten Olympischen Spiele der Neuzeit im Jahre 1895 rundum erneuert. Noch heute nimmt der Weg der Olympischen Flamme zu den Olympischen Winter- und Sommerspielen hier seinen Anfang, und das Stadion mit 50.000 Plätzen ist das Ziel des alljährlichen Marathons nach Athen.
Der Eingang zur frei zugänglichen Laufstrecke liegt auf der Rückseite des Stadions auf der Archimidous-Straße und ist kostenlos, solange man nicht das Stadium selbst betritt. Während des Laufs lohnt es sich, immer mal wieder einen Blick auf das Zentrum Athens zu werfen, denn der Ausblick ist atemberaubend. Während die Strecke an den Nachmittagen meist gut besucht ist, hat man am frühen Morgen oft seine Ruhe. Dann ist es noch sehr still, und die Atmosphäre unter den Bäumen ist wunderbar. Die beste Tageszeit zum Genießen der Aussicht auf die Akropolis, den Lycabettus-Hügel und das Stadion, dessen weißer Marmor im Sonnenlicht leuchtet.
Und noch eine Möglichkeit: Am Morgen kann man zwischen 07:30 und 09:00 Uhr sogar direkt im Stadion laufen. Dies kostet allerdings Geld, aber man erwirbt sich auf diese Weise das Recht, auf der Strecke zu laufen, erhält einen Audioguide sowie Informationen zur Geschichte des Stadions.

● Panathinaiko-Stadion, Leoforos Vasileos Konstantinou, 116 35 Athen,
Tel. (+30 21) 07 52 29 84
Eingang: Archimidous 16, panathenaicstadium.gr
● ÖPNV: Haltestelle Syntagma (Fußweg ca. 850 m) oder Stadio

Stöbern macht glücklich

41 Neu einkleiden bei Queen Calliope

Mitten im Herzen von Athen, im schicken Kolonaki und nur wenige Gehminuten vom Benaki-Museum entfernt, liegt die kleine, aber exklusive Boutique von Calliope Karvounis. Die erfolgreiche Mode-Fotografin mit griechischen Wurzeln startete ihre Karriere in Italien und lebte danach lange Zeit in New York. Dort arbeitete sie unter anderem für die Vogue sowie weitere internationale Magazine und Marken.
Ihre vielen Reisen sowie die dort gesammelten Eindrücke und Mitbringsel brachten sie nicht nur dazu, Andenken aus aller Welt zusammenzutragen und ein Buch über traditionelle griechische Kostüme zu schreiben. Sondern sie bestärkten sie in ihrer Idee, eine eigene Boutique zu eröffnen und lieferten die Inspiration für ihre selbst designten Kaftane, Kleider, Tops und Taschen.
Und erst der Schmuck – üppige Armbänder, Ohrringe und Halsketten bringen die Augen beinahe jeder Frau zum Strahlen. Wie auf den Kleidungsstücken finden sich leuchtende Farben, natürliche Materialien und ethnische Motive im Überfluss. Sie sind Calliopes Markenzeichen und haben schon längst viele Bewunderer gefunden.
Der Name Queen Calliope ist übrigens Programm, denn die Inhaberin möchte, dass sich jede Frau wie eine Königin fühlt und auch so kleidet. Und mit solch fröhlich und üppig gestalteten Kleidern und Accessoires sollte das auf jeden Fall gelingen! Unglaublich? Keineswegs! Auf jeden Fall sollte man es selbst versuchen und bei Calliope nicht nur vorbei-, sondern am besten reingehen. In jedem Eckchen, auf jedem Regal gibt es etwas Tolles zu entdecken. Schon das Schaufenster lädt zum Schauen und Staunen ein, und ein Blick in das zauberhafte Ladengeschäft sorgt für den Rest. Vielleicht könnte man ja nur mal eben einen Blick hineinwerfen … natürlich nur ganz kurz? Das wird nicht funktionieren! Denn Queen Calliope ist ein echtes Athener Juwel.

- Queen Calliope, Merlin 9, 106 71 Athen, Tel. (+30 21) 07 21 18 21
queencalliope.com
- ÖPNV: Haltestelle Kanaré oder Syntagma

Aussicht und Essen de Luxe

42 Dinieren im Restaurant Strofi

Über einen Mangel an Restaurants braucht sich in Athen wirklich niemand zu beklagen. Im Gegenteil – wie in vielen Großstädten reiht sich nur allzu oft ein Restaurant an das andere. Doch es gibt natürlich auch die Restaurants, die aus der Masse herausstechen und immer wieder im Zusammenhang mit hervorragendem Essen erwähnt werden.
Denn das gibt es in Griechenland durchaus – hervorragendes Essen. Viele Nord- und Mitteleuropäer lieben ja die griechische Küche – oder vielmehr das, was man so für griechische Küche hält. Doch Souvlaki, Gyros und Tsatziki, wie wir es von zu Hause kennen, sind oft nur eine mittelmäßige Ausführung dessen, was griechisches Essen wirklich kann. Wer aber mal eine Abwechslung zum gewohnten Einerlei in den unzähligen Touristentavernen möchte, der sollte es in einem der bekannteren Restaurants versuchen. Zum Beispiel im Strofi. Schnell wird man feststellen, dass Griechenland nicht nur köstliche Menüs, sondern ebenso exzellente einheimische Weine und verführerische Desserts zu bieten hat.
Gegründet wurde das Strofi im Jahre 1975, und bis heute wird auf drei Etagen eine ausgezeichnete regionale Küche auf hohem Niveau serviert. Ob Oktopus in Olivenöl mit Oregano, Risotto mit Meeresfrüchten, kretischer Gruyere oder griechischer Chalvas – sogar anspruchsvolle Gaumen kommen auf ihre Kosten.
Dazu ist man in illustrer Gesellschaft – Angela Merkel und weitere bekannte Persönlichkeiten speisten hier. Mehr will man im Strofi nicht verraten. Doch trotz der eleganten Umgebung geht es angenehm entspannt zu. Genau richtig, um zusätzlich zu einem köstlichen Essen noch das zu genießen, was das Strofi außerdem auszeichnet – den Blick von der Dachterrasse. Vor allem am Abend einfach nicht zu überbieten. Immerhin wurde diese Aussicht schon einmal von einem Foodblog als die zweitschönste der Welt gekürt. Und das will was heißen!
Und wenn es wirklich mal ein besonderer Abend sein soll – ein Konzert im Odeon des Herodes Atticus, danach ein Essen im Strofi, und das Glück ist perfekt!

● Strofi, Rovertou Galli 25, 117 42 Athen, Tel. (+30 21) 09 21 41 30
strofi.gr
● ÖPNV: Haltestelle Acropoli

Vinyl-Träume werden wahr

43 Schatzkiste Underflow Records & Art Gallery

Hohe Decken, Marmorböden und modernes Industriedesign – der erste Eindruck vom Ambiente des Underflow Records & Art Gallery ist überraschend und eindrucksvoll zugleich, sodass man erst auf den zweiten und dritten Blick das beinahe unglaubliche Angebot an Vinyls und CDs wahrnimmt. Seit 2015 versorgt das Underflow seine Kunden mit Musik und mehr. Und das in einer Location, die schon für sich alleine einen Besuch wert ist.

Ob Avantgarde-Jazz, Blues, Indie-Rock, Experimental- und Weltmusik oder zeitgenössische Klassik – an diesem Ort wird man mit ziemlicher Sicherheit fündig. Vielleicht bekommt man dazu ja noch einen köstlichen Espresso serviert. Oder einen weichen Single Malt. Denn das ist so üblich im Underflow Record Store, der sich auch als Kunstgalerie schon längst einen Namen gemacht hat und regelmäßig Foto- und Kunstausstellungen veranstaltet. Freitags lädt das Underflow außerdem zu beliebten Live-Events ein – Gipsy-Jazz, bengalische Volksmusik … das Angebot ist weit entfernt vom Mainstream und umfasst griechische Künstler ebenso wie internationale.

Der Traum des Inhabers Vasiliy, der oft selbst an der Bar steht, war es, einen perfekten Plattenladen zu gründen. Einen, in dem nicht nur Platten verkauft werden, sondern in dem Menschen Musik entdecken und erleben können. Musik, die sie vorher nie gekannt haben, und Musiker aus Ländern, von denen sie vorher nie gehört haben. Und dies ist ihm eindeutig gelungen, denn es gibt keinen vergleichbaren Ort in Athen.

Dazu passt natürlich, dass das Underflow außerdem eine Fundgrube für seltene Pressungen ist. Zu den seltensten zählt zum Beispiel von den Rolling Stones Beggars Banquet (Decca) und eine 1953er-Veröffentlichung von Beethovens Symphonie No. 3 Eroica (Urania Records), gespielt von den Wiener Philharmonikern. Kein Wunder, dass das Underflow in kurzer Zeit zu einem Treffpunkt für Musikenthusiasten wurde, die auf der Suche nach dem musikalischen Glück sind.

- Underflow Records & Art Gallery, Kallirrois 39, 117 43 Athen, Tel. (+30 21) 14 03 99 26 , underflow.gr
- ÖPNV: Haltestelle Syngrou Fix; Tram T5 oder Haltestelle Phix

Park im Dornröschenschlaf

44

Geheimnisvolles Tatoi Royal Estate

Hält man sich ein bisschen länger in Athen auf, dann wird einem irgendwann das eine oder andere Gerücht über ein vergessenes Paradies zu Ohren kommen. Über einen Park, in dem die Zeit stehen geblieben ist. In dem alte Edelkarossen in verlassenen Garagen vor sich hin rosten und verwaiste Gebäude und Ruinen eine fast unwirkliche Atmosphäre verbreiten.

Tatsächlich handelt es sich nicht nur um ein Gerücht – es gibt diesen Ort. Etwa 20 Kilometer vom Zentrum Athens entfernt, befindet sich das Anwesen des Tatoi Royal Estates, des ehemaligen königlichen Sommerpalasts. Und eine Fahrt zu diesem Ort gleicht einer Reise in eine andere Zeit. Als im Jahr 1967 die Monarchie endete, ging der letzte König des Landes, Konstantin II., ins Exil. Zurück blieb der heute unbewohnte Sommerpalast auf einem etwa 4000 Hektar großen Gelände. In den Folgejahren wurde den Gebäuden und dem Park übel mitgespielt – Vernachlässigung und Vandalismus zerstörten die einstige Pracht. Erst 2004 beschloss das Kulturministerium zu retten, was noch zu retten war, und 2012 wurden die enormen Bemühungen zur Restaurierung und Konservierung beendet. Dabei wurden mehr als 17.000 Objekte wie Weinflaschen, Kleider, kostbare antike Stücke und Kunstwerke fotografiert, katalogisiert und archiviert.

Leider wurden aber die Pläne, das Tatoi in ein Museum zu verwandeln, nicht realisiert. Bis heute bemüht sich der Freundeskreis der Tatoi Gesellschaft, Gebäude und Park vor dem endgültigen Verfall zu bewahren. Und so erwartet den Besucher noch immer eine schlafende Schönheit, umgeben von einer Natur, die sich Meter für Meter zurückholt, was ihr einst entrissen wurde. Hier kann man viele Stunden verbringen, Autowracks teurer Marken und Brücken, die nirgendwo hinführen, entdecken und einer ganz außergewöhnlichen, magischen Atmosphäre nachspüren.

Ein wunderbarer Ort für einen Abenteuerausflug in die neuere griechische Vergangenheit und für ein ungewöhnliches Picknick im Freien.

● Tatoi Royal Estate, 136 72 Acharnes/Athen, Tel. (+30 69) 75 94 72 48
tatoi.org

Traditionelle Saiten

45 Good vibrations im Bouzouki & Guitar Shop

Eine echte Fundgrube ist das Familienunternehmen von Dimitris Polydorou und seinen Söhnen George und Loizos. Gegründet wurde das Geschäft für traditionelle Instrumente wie Bouzoukis & Co. im Jahr 1976. Gedacht war es zunächst für lokale Musiker. Seitdem sind sogar zwei Läden inklusive Werkstatt hinzugekommen, aber noch immer werden alle Instrumente handgemacht, und das Motto „Nicht nur vorbeikommen, sondern ausprobieren“ gilt nach wie vor.
Was den Erfolg des Familienbetriebs ausmacht? Ganz klar – die Liebe zu allem, was Saiten hat. Diese ist immer und überall spürbar. Und deshalb können Fans von Saiteninstrumenten Stunde um Stunde mit Schauen, Ausprobieren und fachlichem Austausch verbringen.
Besucht man das kleine Ladengeschäft zum ersten Mal, kann man gar nicht anders, als überwältigt zu sein, so unglaublich ist das Angebot. Überall hängen und stehen liebevoll sowie reichlich verzierte Bouzoukis. Sie sind nicht nur das beliebteste Musikinstrument in Griechenland, sondern Bouzouki-Klänge gelten bei uns als das Synonym für traditionelle griechische Musik.
Ihre Wurzeln reichen weit in die Geschichte zurück – aber ein Revival erlebte das Instrument in den 1920er-Jahren mit der populären Rembetiko-Musik, gerne mal „Griechischer Blues“ genannt. Erst da wurde es salonfähig. Spätestens seit dem Film „Alexis Sorbas“ aus dem Jahr 1964 und der berühmten Tanzszene mit Anthony Quinn am Strand kennen die meisten die typischen Klänge der Bouzouki.
Aber neben den traditionellen Instrumenten wie Bouzouki, Laute, Lyra und Mandoline zählen außerdem Violinen und Gitarren zum riesigen Angebot. In den letzten Jahren wurde das Sortiment der Zeit angepasst und um Akustik- und E-Gitarren unter anderem von Gibson, Fender, Squier, Martin etc. erweitert. Natürlich samt Zubehör. Das Beste – es wird alles, was Saiten hat, liebevoll und fachmännisch repariert! Danach könnte man woanders lange suchen …

● The Bouzouki & Guitar Shop, Pandrossou 31, 105 56 Athen, Tel. (+30 21) 03 24 14 91
thebouzoukishop.com
● ÖPNV: Haltestelle Monastiraki

Vom Feinsten

46 Keramikkunst im Val Goutsi Workshop

Im kreativen Stadtviertel Koukai gibt es viele Geschäfte, die einen zum Entdecken einladen. Doch der helle und freundliche Keramikladen von Val Goutsi sticht hervor und ist etwas Besonderes. Val, die Inhaberin, fertigt nämlich beinahe alles, was sie verkauft, selbst. Kein Wunder, immerhin hat sie Fine Arts in Großbritannien studiert, bevor sie nach Athen zurückkehrte und dort ganz unerwartet auf die Liebe ihres Lebens traf – die Keramikkunst!
Schnell wurde ein eigenes Geschäft zu ihrem Traum. Eines, in dem sie töpfern und zugleich ihre Leidenschaft mit anderen teilen kann. Im Jahre 2018 wurde der Traum Wirklichkeit, und schnell erkennt der Besucher, dass das, was in den Regalen steht, wirklich vom Feinsten ist. Doch nicht nur aparte Keramiken erwarten einen – auch Malereien auf Leinwand, gerahmte Aquarelle, Fotografien – alles stammt aus Vals Hand und ist ein echter Augenschmaus.
Inspirieren lässt sich die Künstlerin natürlich von der griechischen Geschichte. Als Erstes fallen die floralen Muster und strahlenden Farben der wunderschönen Tassen, Teller, Schalen und Vasen ins Auge. Diese charakteristischen Merkmale finden sich ebenso wieder in den handgefertigten Schmuckstücken, zum Beispiel den zauberhaften Ohrsteckern sowie den liebevoll gestalteten Dekohängern, die zur Weihnachtszeit das Angebot bereichern.
Wirklich außergewöhnlich ist aber, dass man Val in ihrem Laden bei der Arbeit zuschauen kann und hautnah erlebt, wie ihre Kunstwerke entstehen. Die kleine Werkstatt befindet sich direkt im Laden, denn der Künstlerin ist es wichtig, ihren Besuchern zu zeigen, dass es sich bei ihren Stücken um Handarbeit handelt und nicht um seelenlose Fabrikware. Genau deshalb macht ein Besuch von Val Goutsis Workshop so viel Freude. Einfach mal vorbeischauen und sich etwas über ihre Kunstwerke erzählen lassen – perfekt!

- Val Goutsi Workshop, Odissea Androutsou 34, 117 41 Athen, Tel. (+30 21) 09 24 07 57
- ÖPNV: Haltestelle Syngrou Fix, Olympiake oder Koukaki

HANDMADE LOVE
ANOIKTO-OPEN
NSTAGRAM VALGOUTSIWORKSHOP

Süße Versuchung

47 Verführen lassen im Lukumades

Süßes macht glücklich, das ist allgemein bekannt. Auch in Athen. Und deshalb war es ein Glücksfall, als im Jahr 2013 in der Aiolou-Straße ein Geschäft seine Türen öffnete, dessen Name treffender nicht sein könnte – Lukumades. Schon der Name zergeht auf der Zunge, ebenso wie die kleinen kugelrunden, griechischen Krapfen selbst. Sie verfügen in Griechenland über eine lange Tradition, sogar Aristoteles soll sie schon in seinen Werken erwähnt haben. In den vergangenen 10 Jahren wurden die süßen Leckereien wieder neu erfunden und haben ein wahres Revival erlebt.

Durch die neue Beliebtheit ergaben sich ganz ungewohnte Geschmackskombinationen, sodass die frittierten Teigbällchen schon lange nicht mehr nur mit Honig oder Zimt serviert werden. Zahlreiche neue Füllungen und Toppings haben sie zu neuem Leben erweckt. Im Lukumades erwartet einen eine riesige Auswahl mit Mastix, Zitrone und Schokolade. Aber herzhafte Varianten sind ebenso vertreten, gefüllt mit Ziegen-Frischkäse aus Kreta oder Feta mit roter Paprika aus Florina. Und alle schmecken sooo gut! Der Shop erlangte sogar über Athen hinaus Berühmtheit – die New York Times und diverse andere internationale Publikationen berichteten über das Start-up-Unternehmen. Charles und Camilla aus Großbritannien sollen sie sogar zum besten Dessert-Shop in Athen gewählt haben.

Es versteht sich von selbst, dass alle Lukumades von Hand gemacht werden und ohne Konservierungsstoffe auskommen. Etwa 30 Minuten dauert es, bis die Köstlichkeiten fertig sind – je nach Topping oder Füllung. Und noch etwas – Lukumades sind vegan!

Eines ist jedenfalls sicher: Egal, wie viel Mühe man sich gibt: Es bleibt niemals bei nur einem Krapfen! Mund auf, ein Haps – und weg ist er. Daher wohl auch der Name: Das griechische Wort „Loukoumas“ (Krapfen) leitet sich aus der türkischen Bezeichnung „Lokma“ für „Happen“ oder „Mundvoll“ ab. Eben der perfekte Snack für zwischendurch. Dazu ein geeister Cappuccino – so einfach kann Glück sein!

● Lukumades, Eolou & Agias Irinis 21, 105 51, Tel. (+30 21) 03 21 08 80
lukumades.com
● ÖPNV: Haltestelle Monastiraki

Urlaub wie in der Karibik

48 Relaxen am Yabanaki Beach

Kaum etwas spendet so viel Erholung und Entspannung wie ein schöner Tag am Strand. Das gilt auch für Athen. Viele der Strände rund um die Millionenstadt sind organisiert und gehören zum Beispiel zu größeren Hotelanlagen, stehen aber ebenfalls Nichthotelgästen offen. Was den Vorteil hat, dass man von vorneherein mit einem gewissen Standard rechnen kann.

Einer der größten und schönsten Strände ist der Yabanaki Beach. Nach einer abwechslungsreichen Fahrt entlang der goldenen Küste, wunderbaren Ausblicken und tiefblauem Wasser erreicht der Erholungssuchende den langen, hellen Sandstrand. Dazu fällt das Auge auf stylische Sonnenschirme in Weiß und gemütliche Cabanas. Schnell ist klar: Schöner kann man sich seinen Urlaub gar nicht träumen!

Dabei liegt dieser Strand in Varkiza nur etwa 20 Kilometer von Athen entfernt. Und bietet alles, was das Herz rund um Strand und Meer begehren kann: für diejenigen, die gerne die Seele baumeln lassen wollen, zahlreiche Strandliegen, Sonnenschirme und Cabanas. Und für die eher Sportlichen darüber hinaus viele Sportangebote wie zum Beispiel Wasserski oder Beachvolleyball.

Zur Beliebtheit dieses Strandes trägt bei, dass er durch seine Lage in einer weitläufigen Bucht vor starken Winden und großen Wellen geschützt ist. Wer jedoch etwas Action sucht, der findet ideale Bedingungen fürs Windsurfen, vor allem für Anfänger, Surfer mit ein wenig Erfahrung und Familien. Praktisch: Man kann nicht nur alles, was man fürs Surfen braucht, mieten, sondern ebenso Unterricht nehmen, um seine Surf-Fähigkeiten weiterzuentwickeln.

Und wer sich am Ende eines wunderbaren Tags am Meer nichts sehnlicher wünscht als ein Essen direkt am Meer: Zahlreiche Restaurants mit traditionellen griechischen Spezialitäten laden zum Genießen ein! Nach solch einem Tag am Yabanaki Beach ist man erholt, entspannt und – glücklich! Versprochen.

- Yabanaki-Strand, 166 72 Vari
- ÖPNV: Haltestelle Phournos oder Varkizas

Gemeinsam sind wir stark

49 Kreatives im ContrUst Collective

Was kommt dabei heraus, wenn sich vier Frauen und ein Mann zusammentun? Darunter eine Schmuckdesignerin, zwei Illustratorinnen, eine Keramikkünstlerin und ein gut aussehender Taschendesigner. So viel lässt sich sagen: auf jeden Fall etwas Gutes! Denn die Designverliebten gründeten einen kleinen, aber feinen Concept Store namens „ContrUst Collective". Seitdem präsentieren und verkaufen sie dort gemeinsam ihre Werke. In der festen Überzeugung, dass sich miteinander mehr erreichen lässt als alleine.
Und so entwerfen, produzieren und verkaufen sie ihre Kunst gemeinsam – alle Produkte entstehen in Zusammenarbeit mindestens zweier Team-mitglieder. Viel Inspiration sowie so gesammeltes Wissen und langjährige Erfahrung fließen in ihre Werke ein und machen sie zu etwas Unverwechselbarem. Getreu ihrem Motto „In Co we trust" erblicken Kunstwerke und Produkte das Licht der Welt, die alles andere als nullachtfünfzehn sind. Im Gegenteil – Keramiken in puristischem Design, moderne Schmuckstücke, schicke Wohnaccessoires und coole Taschen aus Kork, Leder sowie Baumwolle lassen nicht nur das Herz von Designliebhabern höherschlagen.
Bekannt geworden ist das ContrUst Collective in erster Linie wegen seiner stilvollen Kunstdrucke, die unter anderem Großstädte wie Paris, Istanbul oder Berlin zeigen, aber auch spezielle Orte in Griechenland. Ihr Stil ist unverwechselbar. So wird ein Besuch im nur wenige Quadratmeter großen Store zu einer zauberhaften Entdeckungsreise: Man stöbert sich durch die Regale und lässt sich immer wieder vom Einfallsreichtum der fünf Künstler überraschen.
Hat man erst mal sein Lieblingsstück gefunden, ist man gut beraten, es mitzunehmen und das Gefühl zu genießen, ein einzigartiges Mitbringsel aus Athen erstanden zu haben. Und wieder einmal zeigt sich – selbst Kleinigkeiten können glücklich machen.

● ContrUst Collective, Ioanni Drosopoulou 60, 112 57 Athen, Tel. (+30 21) 11 82 64 43
contrustcollective.com
● ÖPNV: Haltestelle Victoria oder Fokionos Negri

Trust.

Relaxen auf höchstem Niveau

50 Mit Einheimischen abhängen im Coleur Locale

In einer Stadt mit mehr als 340 Jahren Sonnentagen pro Jahr überrascht es nicht, dass es unzählige Rooftop-Bars und Restaurants mit tollem Ausblick gibt. Sie sind in Athen ein absolutes Muss, und man findet sie fast an jeder Ecke. Vor allem in den letzten Jahren sind sie wie Pilze aus dem Boden geschossen. Der Vorteil: Es gibt sie für jeden Geschmack – von elegant über modern und hip bis zu gemütlich und traditionell. Der Nachteil: Die Auswahl fällt umso schwerer.

Eines ist dabei beruhigend – es gibt eigentlich keine falsche Entscheidung! Welche Rooftop-Bar man letztendlich besucht, ist vor allem eine Frage des Geschmacks. Aber natürlich gibt es die eine oder andere, die besonders bekannt und beliebt ist.

Solch eine Rooftop-Bar ist das Couleur Locale. Seit 2014 liegt sie im quirligen Monastiraki, doch trotz ihrer zentralen Lage muss man schon etwas suchen, um ihren Eingang zu finden. Vielleicht gehört sie deshalb noch immer zu den Geheimtipps abseits der üblichen Touristenpfade und ist nicht nur bei Athenbesuchern, sondern ebenso bei Einheimischen sehr beliebt. Eines ist aber klar – hat man es erst mal gefunden, vergisst man das Couleur Locale nicht mehr.

Das Publikum ist entspannt und durchaus gemischt, selbst wenn manchmal die hippen, jungen Besucher überwiegen. Chillige Musik, leckere Cocktails, freundliche Kellner sowie eine tolle Atmosphäre, und man weiß: Eine Reise nach Athen ohne einen Besuch im Couleur Locale geht gar nicht! Denn nirgendwo kann man nach einem langen Tag in der Stadt entspannter die Seele baumeln lassen. Am besten in der Abendsonne, mit einem Cocktail in der Hand, in guter Gesellschaft und mit einer spektakulären Aussicht auf die Stadt. Ach ja, und leckeres Essen gibt es natürlich auch.

Da soll noch mal einer sagen, Glück sei nicht planbar! Das Couleur Locale beweist gerne das Gegenteil.

● Coleur Locale, Normanou 3, 105 55 Athen, Tel. (+30 21) 67 00 49 17
couleurlocale.gr
● ÖPNV: Haltestelle Monastiraki

Die Kunst zu reisen

51 Fundgrube Flaneur

Es handelt sich keineswegs um einen Zufall, dass das Flaneur Flaneur heißt. Bei diesem Namen handelt es sich um eine kleine Reminiszenz an das 19. Jahrhundert, in dem das Flanieren – das genießerische Umherschlendern und Treibenlassen durch die Stadt – zu einer der beliebtesten Freizeitbeschäftigungen der gehobenen Gesellschaftsschichten gehörte. Und vom Flanieren und Reisen versteht man etwas im Flaneur. Hier wird fündig, wer noch ein Accessoire für seine Reise braucht.

Immerhin ist der moderne Mensch beinahe immer unterwegs. Kleine und große Reisen sind heute normaler Bestandteil unseres Lebens – ob in der Großstadt oder in der Natur. Und natürlich möchte man dabei passend ausgestattet sein. Mit Rucksack, Tasche, Sonnenbrille, Notizbuch, coolem T-Shirt und allem, was sonst noch so dazugehören könnte. Doch im Flaneur geht es um weit mehr als um rein praktische Utensilien. Es geht vielmehr um Lebensart und die Kunst des Reisens. Am besten beginnt man also in Athen auch eine kleine Reise oder Tour mit einem Besuch im Flaneur. Beim Anblick all der Accessoires und Souvenirs stellt man sich zwar schnell die Frage: „Brauche ich das wirklich?“ Aber ebenso schnell zeigt sich, dass die Antwort wohl in den meisten Fällen lauten wird: „Eigentlich nicht, aber …“

Natürlich ist ebenfalls für diejenigen gesorgt, die befürchten, sich nach ihrer Rückkehr zu langweilen. Stadtpläne zum Ausmalen und handgepresste Postkarten schaffen Abhilfe und sorgen für dauerhafte Erinnerungen, die einem die Zeit bis zur nächsten Reise versüßen. Dann macht das Nachhausekommen ebenso viel Spaß wie das Reisen selbst. Außerdem gibt es zu beinahe jedem Souvenir oder Accessoire eine Geschichte, die man auf Nachfragen gerne erzählt.

Am besten versucht man also, selbst zum Flaneur zu werden und die Welt mit anderen Augen zu sehen, denn das macht … glücklich!

- Flaneur Souvenirs, Flessa 1, 105 58 Athen, Tel. (+30 21) 03 22 69 00
- ÖPNV: Haltestelle Syntagma oder Monastiraki

City
Fláneur

Klein, aber oho

52

Mythischer Areopagus

Auf den ersten Blick scheint dieser 115 Meter hohe Felshügel zwischen Akropolis und Stadt gar nicht so spektakulär zu sein. Doch es lohnt sich, den Areopagus einmal genauer in Augenschein zu nehmen. Denn den beiden anderen Stadthügeln Lykabettus und Philopappos hat er ein charakteristisches Merkmal voraus: Er ist komplett aus Marmor, der in den verschiedensten Farbtönen schimmert: Grau, Karmin, Ocker, Gelb, Grün und Dunkelblau! Und wer kann schon von sich sagen, dass er einmal auf einem Hügel aus Marmor gestanden hat?
Auch die historische Bedeutung des Areopagus ist bemerkenswert: Einst war er der Tagungsort des obersten Rates („Areopag") in Mordprozessen, und dieser wurde der Mythologie nach gegründet, als der Gott Ares wegen eines Tötungsdeliktes angeklagt wurde. Daher der Name: Areios Pagos bedeutet übersetzt „der Stein des Ares".
Die Legende rund um den Marathonlauf hat hier ebenfalls ihren Ursprung: Die Athener hatten in der Schlacht bei Marathon über die Perser gesiegt und sollen einen Boten zurück zur Stadt geschickt haben, um den Sieg zu verkünden. Geschafft hat er es, doch danach soll er auf dem Gipfel des Hügels vor Erschöpfung gestorben sein. Aber wie gesagt – das ist wohl nur eine Legende!
Zu guter Letzt hielt der Apostel Paulus am Areopagus die Ansprache über seine Lehre an die Athener. Noch heute findet daher jedes Jahr am Feiertag der Apostel Petrus und Paulus ein Gedenkgottesdienst statt. Mehr Geschichte geht eigentlich nicht!
Im 21. Jahrhundert kommt diesem Felshügel zwar keine so große Bedeutung mehr zu wie in der Antike, aber durch seine Lage ist er noch immer ein sehr schöner und leicht zu erreichender Aussichtspunkt mit einem imposanten Blick auf die Akropolis, die Agora und das Häusermeer Athens. Und steht man erst einmal oben auf seinem „Gipfel", dann freut man sich, dass man ihm eine zweite Chance gegeben hat.

- Areopagus, 105 55 Athen
- ÖPNV: Haltestelle Monastiraki (Fußweg ca. 400 m) oder Acropoli (Fußweg ca. 700 m)

Kommerz und Kirche

53 Shoppen auf der Ermou-Straße

Shoppen kann man in Athen eigentlich überall. Doch nirgendwo fühlt man sich mehr „mittendrin“ als in der Ermou-Straße („Hermes-Straße“), der Haupteinkaufsstraße Athens. Sie verläuft durch die Stadtteile Monastiraki, Psirri sowie Thiseio und soll mittlerweile zu den fünf teuersten Einkaufsstraßen Europas zählen.
Kein Wunder, denn in dieser beinahe autofreien Fußgängerzone reihen sich auf 1,5 Kilometern unzählige Geschäfte aneinander. Selbstverständlich sind alle großen Designernamen vertreten, genauso aber Souvenirs und Kitsch. Da gibt es wirklich für jeden Geschmack etwas. Am besten lässt man sich zwischen den vielen Einheimischen und Touristen treiben und genießt die Darbietungen von Straßenkünstlern, Clowns & Co.
Und falls einem nach einiger Zeit des Schlenderns nach einer Pause ist, dann bietet sich ein Stopp in einem der zahlreichen Cafés oder Restaurants an, in denen man den lebhaften Trubel aus einer bequemeren Perspektive beobachten kann.
Oder noch besser: Man besucht die kleine Kirche Kapnikarea, die direkt an der Ermou-Straße steht. Sie stammt aus dem 11. Jahrhundert, ist der Mutter Gottes geweiht und zählt zu den ältesten Kirchen Athens: Angeblich wurde sie auf den alten Grundmauern eines antiken Tempels errichtet.
Was für ein Kontrast zu all dem Kommerz drum herum! Irgendwie wirkt das zauberhafte Schmuckstück mit seinen bemerkenswerten Fresken aus den 40er-Jahren ein wenig deplatziert. Tatsächlich gab es 1834 schon einmal Pläne, die Kirche abzureißen. Doch nachdem sie im Jahr 1689 sogar die Brandbomben der Türken überlebte, blieb das widerstandsfähige Kirchlein erneut siegreich, und schließlich wurde die Ermou-Straße um sie herum angelegt. So entstand das erstaunliche Nebeneinander von Kommerz und Kirche, welche für ein bisschen Besinnung sorgt. Und das ausgerechnet an einem Ort, an dem man gar nicht damit rechnet.

- Ermou-Straße, 105 56 Athen
- ÖPNV: Haltestelle Monastiraki (Fußweg ca. 200 m)

L
Mary Lides
wesc

Lauf dich glücklich!

54 Ausflug zum Philopappos

Schon der Name klingt verheißungsvoll: Mit seinen 147,4 Metern Höhe ist der Philopappos bzw. der „Hügel der Musen“ die größte Erhebung in und um Athen und beinahe schon ein Riese unter den Athener Erhebungen. Und natürlich dreht sich wieder (fast) alles um den Blick auf die Stadt und die Akropolis. Der ist nämlich wirklich genial! Man kann sogar bis Piräus sehen.

Aber noch etwas anderes macht diesen kleinen Berg zu einem beliebten Ausflugsziel und Glücksort mitten in der Stadt: Während sich auf der Akropolis oder auf dem Philopappos die Menschenmassen gegenseitig im Weg stehen, herrscht hier oftmals noch nahezu himmlische Ruhe. Einer Athener Initiative, die der Meinung ist, dass antike Stätten frei zugänglich sein sollten, ist es zu verdanken, dass der Zugang ganzjährig und völlig kostenfrei möglich ist. Dazu gehört ein Monument auf der Spitze, das zu Ehren des Wohltäters der Stadt – Philopappos – 114 bis 119 nach Christus erbaut wurde. Doch das ist eigentlich Nebensache. Denn das Schönste am Philopappos ist wirklich das Gefühl der Freiheit, auch deshalb ist der Hügel nicht nur bei Touristen, sondern vor allem bei Einheimischen sehr beliebt. So kommen zum Beispiel am Rosenmontag viele Athener auf den Hügel, um Drachen steigen zu lassen. Eine schöne Tradition, die allerdings für einige bunte Exemplare in den Bäumen sorgt und damit manchen Touristen ins Grübeln bringt. Aber nicht nur für Spaziergänger auf der Suche nach der schönsten Aussicht ist der Lycabettus das richtige Ziel – vor allem Läufer, Jogger und Biker fühlen sich wohl. Denn der Philopappos bietet wunderbare Strecken, umgeben von viel ursprünglicher Natur mit bunten Wildblumen und duftenden Kiefern. Am frühen Morgen bei blauem Himmel, Sonnenschein und Vogelgezwitscher auf dem Hügel seine Runden drehen, und der Tag beginnt mit einem Glücksgefühl.

- Philopapposhügel, 117 41 Athen
- ÖPNV: Haltestelle Monastiraki (Fußweg ca. 950 m) oder Akropoli (Fußweg ca. 850 m)

Das Beste aus Griechenland

55 Einkaufen bei Ellinika Kaloudia

Hört man die Formulierung „Das Beste aus Griechenland" („Ellinika Kaloudia"), bleibt zunächst ein wenig Interpretationsspielraum, was dahinterstecken könnte. Betritt man aber das gleichnamige Geschäft von Stamatis Tzikniadopoulos, wird schnell klar, was damit gemeint ist. Auf den hohen, grün-blau lackierten Holzregalen lagern und stapeln sich Weinflaschen, Pasta, Konserven, Reis, Marmeladen, Wein und Ouzo ebenso wie Gläser und Säcke mit Nüssen und Gewürzen. Da läuft einem schnell das Wasser im Mund zusammen. Dies liegt nicht nur an der Qualität der angebotenen Waren, sondern ebenso am Ambiente des kleinen Lebensmittelgeschäftes.

Denn das Geschäft sieht aus wie einst die Tante-Emma-Läden: zum Verlieben. Eine schöne Eingangstür aus hellem Holz, ein Dielenboden, der ein Mosaik aus rot-violetten Kacheln einfasst – diese Fundgrube für traditionelle griechische Lebensmittel, nur 2 Minuten von der U-Bahn-Station Akropolis entfernt, vermittelt auf Anhieb ein Gefühl von Heimeligkeit und Angekommensein.

Und das seit 2009, denn in diesem Jahr machte sich Stamatis Tzikniadopoulos mit der Idee selbstständig, die kleinen, griechischen Produzenten zu unterstützen und seinem Land mit neuen Ideen und viel Engagement zu neuem Leben zu verhelfen. Und wie könnte man dies besser als mit einem Geschäft, in dem man sein eigener Herr ist?

Besonders wichtig ist es Stamatis, die Produzenten seiner Produkte persönlich zu kennen und mit ihnen seine Ideen einer fairen Zusammenarbeit zu teilen. Alles ist mit Bedacht ausgesucht. Seine Kunden danken es ihm, denn sie finden nicht nur die Lebensmittel, die sie benötigen, sondern ebenso den persönlichen Kontakt, der in der heutigen Zeit immer seltener und gerade dadurch immer wichtiger wird. Man fühlt sich einfach aufgehoben – mehr als nur ein gutes Gefühl!

● Ellinika Kaloudia, Chatzichristou 8, 117 42 Athen, Tel. (+30 21) 09 22 40 60
● ÖPNV: Haltestelle Akropoli oder Museio

Ein Ort der Superlative

56 Spaß haben im Stavros-Niarchos-Zentrum

Am Anfang stand eine Vision. Die Vision eines großzügigen Gebäudekomplexes, in dem die Nationalbibliothek und die Nationaloper ein neues Zuhause finden sollten. Die Vision von einem Park für die Öffentlichkeit, einem Ort der Erholung und großen Sportflächen für die Bürger Athens. Dazu sollte alles umweltverträglich und nachhaltig sein. Kaum zu glauben, aber diese Vision wurde Wirklichkeit. Und zwar in Gestalt des Kultur-, Studier- und Erholungszentrums der Stavros Niarchos Foundation, nur etwa 4,5 Kilometer vom Zentrum Athens entfernt. Der Stararchitekt Renzo Piano nahm die Herausforderung an und begann 2006 mit den Planungen. Im Jahr 2016 wurden die Bauarbeiten beendet und eines der unglaublichsten Projekte der Athener Neuzeit war realisiert.

TIPP

Ein Highlight sind die Dancing Fountains mit LED-Beleuchtung am Abend!

Entstanden ist ein eindrucksvoller Gebäudekomplex, dessen Park kostenlos für jedermann zugänglich ist und der mit einem vielfältigen Programm kultureller, pädagogischer und sportlicher Aktivitäten und Events begeistert. Die zahlreichen Räume und Freiflächen für Konzerte und Filmvorführungen bieten Raum für insgesamt 32.000 Personen, und der Stavros-Niarchos-Park umfasst 210.000 Quadratmeter mit 1450 Bäumen und 280.000 mediterranen Büschen.

Eine Reihe von Cafés, Bistros und Erfrischungsständen laden zum Entspannen ein. Auf keinen Fall verpassen sollte man den Blick vom Dach des Zentrums. Grandios! Und wenn man durch einen der Gärten spaziert, kann es sein, dass man sich auf einem der begrünten Dächer der Nationalbibliothek und der Nationaloper befindet.

Das Stavros-Niarchos-Center hat für seine nachhaltige Bauweise diverse Auszeichnungen und Preise gewonnen, unter anderem den Europäischen Solarpreis 2017 und den Europäischen Gartenpreis 2018 in der Kategorie „Innovatives Konzept oder Design eines zeitgenössischen Parks oder Gartens“. Mehr Zukunft geht nicht! Und das in einer Stadt, die vor allem für ihre Vergangenheit berühmt ist.

- Stavros-Niarchos-Zentrum, Leoforos Andrea Syggrou 364, 176 74 Kallithea, Tel. (+30 21) 68 09 10 00, snfcc.org
- ÖPNV: Haltestelle Evgenideio, kostenloser Shuttle-Bus ab Syntagma-Platz

Sonne, Strand und Meer

57 Karibik erleben in der Bolivar Beach Bar

Klar, möchte man karibisches Lebensgefühl spüren, fährt man am besten in die Karibik. Aber auch in Athen lassen sich wunderbare Stunden in exotischer Umgebung erleben – die Bolivar Beach Bar lockt mit Palmen, Tiki-Stil, leckeren Cocktails und gemütlichen Sonnenliegen inklusive Schirmen. Der Vorteil eines organisierten Strandes, denn man kann sich ganz dem Strand, der Sonne und dem Meer hingeben, ohne an etwas anderes zu denken. Und es braucht sich garantiert niemand über die üblichen Begleiterscheinungen einer Großstadt wie Müll, Taschendiebe oder aufdringliche Händler zu ärgern.

Und dann erst das Nachtleben! Wenn es dunkel wird, geht die Post ab – zahlreiche Partys, Events bieten viel Abwechslung, und jedes Jahr geben sich die bekanntesten DJs von House und der alternativen Musikszene die Klinke in die Hand. Am Strand, den Sand zwischen den Zehen und unter dem griechischen Sternenhimmel, lassen sich ganze Nächte durchfeiern. Wem der Tag also noch nicht lang genug war, der kann also locker auch noch die Nacht zum Tag machen. Und wird am Morgen ganz sicher glücklich in sein Bett fallen.

Der Club liegt direkt an der mehrspurigen Leoforos Posidonos, doch schon nach wenigen Schritten in Richtung Strand entspannt man sich und fühlt sich in eine andere Welt versetzt. Denn während, wenige Meter entfernt, der Verkehr braust, empfängt einen die entspannte Atmosphäre des perfekten Strandclubs im karibischen Stil. Nicht zufällig erinnert alles an eine tropische Oase – dies war das Ziel der Inhaber, als der Club im Jahr 2004 eröffnet wurde. Ein Gegenentwurf zur Hektik der Großstadt.

Auch deshalb wird Gastfreundschaft hier wirklich großgeschrieben und das Erfolgsrezept ist einfach: freundliche Kellner, sehr gutes Essen und leckere Cocktails. Eine tropische Oase für diejenigen, die sich gerne mal an einen anderen Ort träumen möchten.

● Bolivar Beach Bar, Leoforos Posidonos, 174 55 Alimos/Athen, Tel. (+30 69) 70 36 76 84, bolivar.gr
● ÖPNV: Haltestelle Kalamaki

Pop-Art trifft Philosophie

58 Antike reloaded im Sophia Enjoy Thinking

In dieser kleinen, exklusiven Boutique im teuren Kolonaki erwacht die Antike wieder zum Leben. Wie wäre es zum Beispiel mit einer griechischen Büste? Keiner antiken natürlich, sondern einer modernen, farbigen, zum Beispiel als Buchstütze. Vielleicht eine rote Venus von Milo fürs Wohnzimmer? Oder lieber eine gelbe Eule? Dann sollte man auf jeden Fall bei Sophia Enjoy Thinking reinschauen.
Und natürlich sind es wieder einmal die griechische Geschichte und Mythologie, die den außergewöhnlichen Charakter dieser Boutique und ihrer Produkte ausmachen. Hier gibt es nämlich Historisches im Überfluss. Aber nicht so, wie man es aus den Museen und antiken Ausgrabungsstätten kennt. Sondern neu interpretiert und in ungewohntem Gewand. Quasi „Antike in modern".
Kräftige Neonfarben, ein unverwechselbarer Stil und vor allem eine große Portion Humor zeichnen die Skulpturen und Dekorationen sowie ihr individuelles Design aus und sorgen dafür, dass die Kreationen weltweit erfolgreich sind. Mittlerweile werden Sophias Produkte in 400 Läden und 40 Ländern verkauft, darunter in Amerika, Australien, Russland, Dänemark, Schweden, Frankreich, Korea, China, Italien, Saudi-Arabien, Portugal, Deutschland und vielen anderen. Sogar in den Museumshops des Louvre und des Britischen Museums.
Angefangen hat diese unglaubliche Erfolgsstory im Jahr 2014, als Sandra Alevra ihr Unternehmen gründete und bewies, was im Athen von heute mit Kreativität, Energie und Pioniergeist alles möglich ist. Etwas, was sie mit zahlreichen anderen Gründern teilt.
Übrigens: Wer nicht so viel für neongelbe Skulpturen übrig hat, muss deswegen nicht traurig sein. Edle Kissenhüllen aus Satin, schicke Schreibwaren und Deko-Artikel sowie exklusive Wellnessprodukte warten ebenfalls darauf, den Besitzer zu wechseln. Eben alles, was dafür sorgt, dass wir uns besser – und damit glücklicher – fühlen.

- Sophia, Pindarou 15, 106 73 Athen, Tel. (+30 21) 03 60 69 30
sophia-live.com
- ÖPNV: Haltestelle Syntagma oder Kolonaki

SOPHIA
Enjoy Thinking
LIVE

Alles, was man braucht

59 Einkaufen im Periptero

Wenn man schon einmal an einem Sonntagmorgen verzweifelt auf der Suche nach Papiertaschentüchern, Heftpflaster oder Aspirin war oder vielleicht nach Schwimmflügeln, Sonnenschirmen oder Kühlschrankmagneten, dann weiß man, wie glücklich man sein kann, wenn man eine dieser „Kleinigkeiten" findet. In Athen führt – wie in vielen griechischen Städten – der Weg in solch einem Fall direkt zu einem Periptero, einem hölzernen Kiosk mit etwa 1,3 mal 1,5 Meter Grundfläche. Hier versammelt sich ein wahrhaft illustres Warenangebot.

Der erste Athener Kiosk erschien im Jahre 1911 in der Panepistimiou-Straße. Je nach Lage sind sie weit über die normalen Ladenöffnungszeiten hinaus, in Athen oft rund um die Uhr, geöffnet und bieten auf kleinstem Raum beinahe alles, was man so fürs tägliche Leben braucht. Zigaretten, Zeitungen und Zeitschriften, Süßigkeiten, Knabberzeug, Getränke findet man ebenso wie Batterien, Sicherheitsnadeln, Nähzeug, Schreibwaren, Drogerieartikel, Telefonkarten, Schlüsselanhänger – die Liste der kleinteiligen Waren ist beinahe endlos. Oft kommen dazu Spielsachen, Strümpfe, Textilien, Kitsch oder standortbedingte Produkte … das Periptero hat sich seinen Namen „Gehsteig-Warenhaus" wahrlich verdient.

Vor allem in Wohngebieten kennen die Betreiber ihre Kunden genau – und bestellen alles, was diese wünschen, aber nicht vorrätig haben. Das ist Tradition und zeigt, was die althergebrachten Kioske außerdem noch sind: lokale Treffpunkte. In den 1950er- und 1960er-Jahren, als ein Telefonanschluss zu Hause noch Luxus war, wurde von dort telefoniert. Bei alten Athenern ist der Satz „Hallo, ich rufe vom Periptero an." schon beinahe legendär.

Auch wenn ihre Bedeutung sich im Laufe der Jahre verändert hat und viele Periptera aufgrund der großen Konkurrenz durch Mini-Supermärkte schließen mussten – bis heute sind sie in Athen ein unverzichtbarer Teil des Lebens. Einfach ein wenig die Augen aufhalten, und schon bald trifft man beim Schlendern durch die Straßen Athens auf ein solch kleines „Einkaufsparadies".

- Periptero, Syntagma-Platz, 105 57 Athen
- ÖPNV: Haltestelle Syntagma

Coca-Cola
HERE
YOU CAN FIND
SIM CARDS AND
RECHARGES CARDS
SNICKERS

Oase der besonderen Art

60 Bücher gucken in der Stoa tou vivliou

Gegen Ende des 19. Jahrhunderts gewannen in den Großstädten Europas Einkaufsgalerien zunehmend an Bedeutung. Jede Stadt, die etwas auf sich hielt, wollte ein solches Einkaufszentrum zum Shoppen, Essen, Kaffeetrinken und Entspannen. Oft wurden sie als Ruhepol inmitten der hektischen Metropolen konzipiert.

In Athen wurden mehr als 150 solcher Galerien (Stoa) errichtet, darunter die Stoa Arsakeiou zwischen der Stadiou- und der Panepistimou-Straße. Als sie im Jahr 1900 erbaut wurde, war sie ein echtes architektonisches und künstlerisches Schmuckstück mit ihrer eleganten achteckigen Wandelhalle und ihrem hohen Dach aus Milchglas – alles im Zeichen des Jugendstils.

Im Jahr 1996 wurde sie dann umbenannt in „Stoa tou Vivliou“ – die Passage der Bücher. Ein Versuch, ein Kulturzentrum für Vergangenheits-, Gegenwarts- und Zukunftsideen zu schaffen, einen Ort für Kultur und intellektuelle Ideen. Und selbst wenn das nicht so ganz funktioniert hat – das Polis Art Café auf dem Dach gibt sich nach wie vor alle Mühe, um mit Kunstveranstaltungen und Buchvorstellungen den Traum am Leben zu erhalten.

Denn noch heute ist diese Galerie ein Ort der Ruhe und Literatur und seit Jahren die Heimat mehrerer Buchhandlungen und Verlage, ebenso wie des Theatro Technis. Diverse Sitzgelegenheiten bieten die Möglichkeit für eine Pause, und in den Schaukästen und Schaufenstern kann man zahlreiche Buchausgaben bewundern. Vor allem Buchliebhaber auf der Suche nach besonderen Editionen kommen gerne hierher. Immerhin boten in den besten Zeiten rund 20 Läden ihre literarischen Schätze an.

In jüngster Zeit gibt es Bestrebungen, die Galerie mit einer „Food gallery“ neu auszurichten bzw. zu ergänzen. Bisher sind die spezielle Atmosphäre und das Flair dieses ungewöhnlichen Zufluchtsortes jedoch erhalten geblieben.

● Stoa tou vivliou, Pesmazoglou 5, 105 64 Athen, Tel. (+30 21) 03 25 39 89
stoabibliou.gr
● ÖPNV: Haltestelle Panepistimiou oder Omonoia

Lebhaft und quirlig

61 Schmelztiegel Monastiraki-Platz

Zu Füßen des Burgberges und der Akropolis erstreckt sich mit dem Monastiraki-Viertel einer der lebendigsten Stadtbezirke der historischen Altstadt. Für viele Einheimische und sogar für den einen oder anderen ortskundigen Besucher ist er allerdings eher ein rotes Tuch: zu viele Menschen, zu viele Touristen, zu viele Straßenhändler. Zu viel von allem.

Und doch gibt es ein großes ABER! Denn was die wenigsten wissen: Außer dem lebhaften Flair macht noch etwas ganz anderes dieses Viertel so einzigartig. Bis heute sind um den Monastiraki-Platz herum noch alle historischen Perioden Athens sowie die Kulturvermischung im Laufe der Jahrhunderte auf einen Blick erkennbar: Auf der einen Seite die Osmanische Moschee von Tzistarakis, auf der anderen die orthodoxe Kirche der Heiligen Jungfrau Maria von Athen. Dazu die kleine byzantinische Kirche Panagia Pantanassa, die römische Hadriansbibliothek und der neoklassizistische Bahnhof. Es ist ein friedliches Miteinander, das heute seinesgleichen sucht. Mehr Multikulti kann man sich kaum vorstellen!

Und so ist neben all der griechischen Antike noch die Erinnerung an die Zeit der osmanischen Herrschaft bis heute lebendig. Nicht von ungefähr versprüht das Gewirr der engen Gassen mit seinen Läden und Tavernen so viel orientalisches Flair.

Mal ganz ehrlich: Wo bekommt man schon so viel Geschichte auf einen Blick präsentiert? Ohne erhobenen Reiseleiter-Zeigefinger, aber dafür umso einprägsamer und lebendiger. Ganz klar: Diese Vielseitigkeit, dieses Neben- und Miteinander von Kulturen macht glücklich.

Und der Monastiraki-Platz ist einer der wenigen Orte Athens, an dem man den komplexen Charakter, der diese Stadt ausmacht, hautnah erleben und leben kann. Sich in dieser geschichtsträchtigen und dennoch modernen Umgebung treiben lassen und das lebhafte, quirlige Treiben genießen – unbezahlbar!

- Monastiraki-Platz, 105 55 Athen
- ÖPNV: Haltestelle Monastiraki

Auf antiken Spuren

62 Wandeln durch die Stoa des Attalos

Einmal wie die alten Griechen durch einen Säulengang aus Marmor wandeln und sich dabei zurückversetzt fühlen ins 2. Jahrhundert vor Christus – die prachtvolle Stoa des Attalos auf dem Gelände der Antiken Agora macht es möglich!

Die ursprüngliche, fast 120 Meter lange und 20 Meter breite Wandelhalle wurde im Auftrag von König Attalos II. von Pergamon im 2. Jahrhundert vor Christus erbaut und war ein Geschenk und ein Dankeschön an die Stadt Athen, in der er ausgebildet worden war. Die Stoa umfasste eine zweistöckige Kolonnade aus pentelischem Marmor und Kalkstein: Jedes Stockwerk hatte zwei Korridore und 21 Räume. Die äußere Kolonnade im Erdgeschoss bestand aus dorischen, die innere aus ionischen Säulen. Im Obergeschoss fanden sich außen ionische und innen pergamenische Säulen. So stellt man sich die Antike immer vor!

Zur Zeit seiner Erbauung war das eindrucksvolle Gebäude ein Ort der Zusammenkunft und des Handels – die Athener kamen hierher, um sich zu treffen, spazieren zu gehen und Geschäfte zu machen. Der Vorläufer heutiger Shoppingarkaden war bestückt mit Marktläden und damit Teil des Herzstücks des alten Athens. Doch leider wurde die Stoa im Jahr 267 von den Herulern zerstört, in den 50er-Jahren jedoch durch ein New Yorker Architekturbüro und mit einem finanziellen Zuschuss von John. D. Rockefeller jr. rekonstruiert. Dabei orientierte man sich an detaillierten antiken Beschreibungen. Heute beherbergt sie ein Museum, in dem die amerikanischen Ausgrabungen der Agora ausgestellt werden.

Und noch immer wird Geschichte geschrieben: Am 16. April 2003 fand in dieser historischen Umgebung auch die Unterzeichnung des Beitrittsvertrages der EU-Erweiterung um zehn Länder statt.

Hat man heute das Glück, die Stoa an einem Tag mit wenig Publikumsverkehr zu besuchen, fühlt sich das beinahe magisch an: Die Sonne fällt durch die Säulenreihe und malt dabei ein Muster regelmäßiger Schatten auf den Boden. Und fast ist es so, als würde man einen Blick zurück in die Antike werfen. Traumhaft!

● Stoa des Attalos, Adrianou 24, 105 55 Athen, Tel. (+30 21) 03 21 01 85
odysseus.culture.gr
● ÖPNV: Haltestelle Monastiraki

Bewegung in Glas und Stahl

63 Faszinierendes Kunstwerk – „Der Läufer"

Wenn es in Athen einen künstlerischen Gegenpol zu all den antiken Denkmälern gibt, dann ist es „Der Läufer" (griechisch „Dromeas") von Kostas Varotsos. Der Künstler schuf die etwa 12 Meter hohe und 70 Tonnen schwere Figur aus Tausenden aufeinandergestapelten, zackigen und scharfen Glasscheiben. Dabei gelang es ihm durch das ungewöhnliche Material und die perfekte Anordnung der zackigen Scheiben, die Illusion eines Läufers in schneller Bewegung umzusetzen.

Doch trotz aller Modernität – wieder einmal war es die Antike, die Pate stand, denn kaum eine Stadt verfügt über eine dermaßen große Lauftradition wie Athen: Der Legende nach soll im Jahr 490 vor Christus der Botenläufer Pheidippides nach der Schlacht bei Marathon nach Athen gelaufen sein und dort auf dem Areopagus den Sieg verkündet haben. Danach brach er vor Erschöpfung tot zusammen. Doch die Tradition des Laufes bleibt bis in die moderne Zeit bestehen: Der erste Marathonlauf der Neuzeit fand anlässlich der Olympischen Spiele im Jahr 1896 statt.

Insgesamt 6 Jahre benötigte Kostas Varotsos für dieses imposante Werk, das ursprünglich für den Omonia-Platz vorgesehen war. Doch weil man befürchtete, die Vibrationen der U-Bahn könnten das Kunstwerk nachhaltig beschädigen, wurde es 1994 letztendlich vor dem Athener Hilton Hotel in der Mitte einer viel befahrenen Straße aufgestellt. Seitdem sorgt es immer wieder für staunende Blicke bei Hotelgästen und Kunstinteressierten, die das einmalige Werk gerne einmal aus der Nähe betrachten möchten.

Wirkt der Läufer bei Tageslicht alleine schon durch seine schiere Größe beeindruckend, wird er bei Dunkelheit zu einem einzigartigen Anblick. Denn dann reflektieren die unzähligen Glasscheiben die einfallenden Lichtstrahlen und tauchen das Kunstwerk in ein grünliches, beinahe überirdisches Licht. Ein grandioses Bild, das beinahe etwas Magisches hat.

- Der Läufer, Platz Megalis tou Genous Scholis, 115 21 Athen
- ÖPNV: Haltestelle Evangelismos Metro Station oder Megaro Moussikis (Fußweg ca. 450 m)

Pediküre inklusive

64

Relaxen am Vouliagmeni-See

Einmal vor einer grandiosen Felskulisse in einem glasklaren See schwimmen und sich wie im Paradies fühlen – wer möchte das nicht? Die Chance bietet sich etwa 20 Kilometer vom Athener Zentrum entfernt, am Vouliagmeni-See. Der hat das Potenzial zu einem echten Paradies.

Den kleinen Süßwassersee umgibt eine spektakuläre Felskulisse mit beeindruckender Unterwasserhöhle, die bis heute noch nicht vollständig erforscht ist. Sie umfasst mehr als 14 Tunnel, von denen einer mit 800 Meter sogar als der längste der Welt gilt. Wissenschaftliche Studien haben bestätigt, dass es vor Millionen von Jahren anstelle des Sees eine große Höhle mit vielen heißen Quellen gab. Feuchtigkeit und hohe Temperaturen ließen die Höhlendecke einstürzen, und so entstand die heutige Felsformation samt See.

Noch immer wird der See von unterirdischen Heil- und Thermalquellen gespeist, sodass die Wassertemperaturen ganzjährig zwischen 22 und 29 Grad liegen. Beste Voraussetzungen also für ungetrübten Badespaß zu jeder Jahreszeit. Dazu kommt die hohe Konzentration an Mineralien wie Kalium, Natrium, Lithium, Ammonium, Kalzium, Eisen, Chlor und Jod. Dieser Mineralienmix und die hohe Salzkonzentration des Wassers machen das Bad im Vouliagmeni-See zu einem wahren Wellnessbad! Man sollte nur nicht so weit hinausschwimmen, denn in der Mitte des Sees sind die Strömungen unberechenbar.

Neben der imposanten Felskulisse und dem natürlichen Wellnesscharakter des Wassers gibt es noch viele weitere Gründe, den Vouliagmeni-See zu besuchen. Sie sind klein, wendig und die eigentlichen Bewohner des Sees: Doktorfische, die in vielen Kosmetik- und Wellnessstudios für ein natürliches Fußpeeling verwendet werden, knabbern an den Füßen, wenn man diese ins Wasser hält. Aber keine Sorge – es kitzelt nur ein wenig, und beim Schwimmen hat man seine Ruhe vor ihnen.

Bei diesem See ist also wirklich alles „all inclusive" und das Gesamtpaket ist perfekt für müde Touristen und gestresste Einheimische.

● Vouliagmeni-See, Vouliagmeni 166 71, Tel. (+30 21) 08 96 22 39
limnivouliagmenis.gr
● ÖPNV: Haltestelle Limné

Hightech trifft Astronomie

65 Staunen im Digital Planetarium

Lust auf Planeten, Sterne und Galaxien, die man nicht mit einem Teleskop und erst recht nicht mit bloßem Auge sehen kann? Auf ungeahnte Ein- und Ausblicke und unglaubliche Animationen? Dann sollte man auf jeden Fall einen Besuch im digitalen Planetarium der Eurgenides Foundation einplanen. Das interaktive Planetarium mit kugelförmiger Projektionsfläche für Weltraum und IMAX-Filme im 3-D-Format ist mit seiner 1000-Quadratmeter-Kuppel eines der größten und bestausgestatteten der Welt. Und damit genau richtig für digitale Vorführungen und großformatige Filme.

Wer sich noch an die Planetariumsbesuche seiner Kindheit erinnert und diese am liebsten wiederaufleben lassen möchte, der hat hier die Möglichkeit dazu. Natürlich mit modernster Technik und ganz im Stil des 21. Jahrhunderts. Eingeweiht wurde das Planetarium 1966, im Jahr 2003 hat man es umfassend renoviert und auf den heutigen Stand gebracht.

Es umfasst rund 280 Sitzplätze, und man kann nicht nur spektakuläre 3-D-Trips ins All unternehmen, sondern ebenso IMAX-Filme auf der grandiosen 360-Grad-Leinwand genießen. Und die ist immerhin zehnmal größer als eine normale Kinoleinwand! Perfekt für die zehn unterschiedlichen Shows zum Beispiel über die Mondlandung, das Great Barrier Reef und Reisen zu den unterschiedlichsten Planeten! Die Filme sind jeweils zwischen 30 und 40 Minuten lang und werden ergänzt durch wechselnde Kunstausstellungen, ein Wissenschaftsmuseum sowie ein Café, in dem man das Erlebte erst einmal verarbeiten kann. Kleines Highlight für Technik-Liebhaber: Das Foyer wird geschmückt durch einen alten Projektor, einen Zeiss Mark IV aus 29.000 Einzelteilen und einem Gewicht von 2,5 Tonnen.

Während die meisten Filme in Griechisch sind und man daher nur schwer folgen kann, sind die Vorführungen zu astronomischen Themen sogar ohne Text ein unglaubliches visuelles Erlebnis. Ein Muss für jeden, der Interesse an Astronomie, Wissenschaft oder audiovisuellen Shows hat.

- Digital Planetarium, Syggrou 387, 175 64 Athen, Tel. (+30 21) 09 46 96 00 eef.edu.gr
- ÖPNV: Haltestelle Eugenide/Planetarium, Onaseio oder Trapeza

Bummeln wie in der Antike

66 Einkaufen auf der Adrianou-Straße

Für viele ist sie einfach nur eine der touristischsten Straßen, die es in Athen gibt. Und tatsächlich schieben sich im Sommer zur Hauptreisezeit oft viel zu viele Besucher durch die Adrianou. Trotzdem tut man diesem Sträßchen Unrecht, wenn man es als reines Touristenspektakel abtut.

Denn dabei vergisst man ganz, dass sie mit ihren 2500 Jahren die nachweisbar älteste noch genutzte Geschäftsstraße der Stadt ist. Kaum zu glauben ist zudem, dass sich die Lage und Ausrichtung der Adrianou seit ihrem Bau nicht verändert haben. So durchzieht sie bis heute die gesamte Altstadt.

Unter der Hausnummer 96 findet man hier das wohl älteste erhaltene Haus aus osmanischer Zeit: die Villa Benizelos, die im 16. Jahrhundert erbaut wurde. In den Jahren 2008/2009 wurde sie umfassend restauriert und kann heute besichtigt werden.

Benannt wurde die Adrianou übrigens – wie so viele Bauwerke in Athen – nach dem griechisch-römischen Kaiser Hadrian, der die Stadt als klassisches Zentrum griechischer Bildung zu schätzen gelernt hatte. In den 80er-Jahren wurde ein Großteil der Adrianou in eine Fußgängerzone umgewandelt. Obwohl es kaum zu leugnen ist, dass sie heute zu den lebhaftesten Straßen Athens zählt, geht es doch ganz entspannt zu, und die Straße hat sich bis heute ihren Charakter als traditionelle Einkaufsstraße bewahrt.

Und das trotz der Restaurants, Souvenir- und Schmuckläden. Besucht man sie zum Beispiel in den ruhigeren Herbst- oder Frühlingsmonaten, erschließt sich einem schnell der Charme der alten Anlage. Auf der einen Seite moderne Geschäfte und Restaurants und auf der anderen Seite antike Monumente, teilweise beschattet von Bäumen … Es macht Freude, dort entlangzuschlendern und sich dabei vorzustellen, was diese Straße in ihrer langen Geschichte schon alles erlebt haben mag …

- Adrianou-Straße, 105 55 Athen
- ÖPNV: Haltestelle Monastiraki oder Syntagma 3 (Fußweg ca. 800 m)

MAKE

Konzertgenuss für Kenner

67 Ein Abend im Megaron

Im Jahre 1991 öffnete das Athener Konzerthaus (Megaron) mit zwei Konzertsälen seine Tore und begeisterte die Besucher schon vor Konzertbeginn mit ausladenden Kronleuchtern, dorischen Säulen, imposantem Marmor und aufwendigen Eichentäfelungen. Mit anderen Worten: Das Megaron – oder auch Megaro Mousikis – ist architektonisch ausgesprochen imposant und sehr großzügig angelegt.
Aber es hat selbstverständlich noch viel mehr zu bieten, denn es ist nicht nur architektonisch ansprechend, sondern verfügt ebenso über eine hervorragende Akustik, die mit den besten Konzertsälen der Welt mithalten kann. Genau richtig für Weltklasseorchester und Weltklasseinterpreten. Dazu bequeme Sitze und eine gute Sicht von allen Plätzen, und der Genuss ist perfekt!
Wer also die Gelegenheit hat, zum Beispiel der Aufführung einer klassischen Oper wie Carmen im plüschigen Christos-Lambrakis-Saal beizuwohnen, der sollte die Chance auf jeden Fall ergreifen und kann sich auf ein unvergessliches Erlebnis in einem der besten Konzertsäle Griechenlands freuen.
Während bei schlechtem Wetter und in den Herbst-/Wintermonaten vor allem Musikdarbietungen im Konzertsaal stattfinden, sind Aufführungen im herrlich angelegten Garten ein Highlight für den Sommer. So fand 2010 unter Pomeranzen- und Johannisbrotbäumen ein wundervolles Konzert der Wiener Philharmoniker statt. Und selbst wenn es in Athen nun wirklich viele tolle Bühnen mit unvergleichlicher Kulisse gibt – für Kulturfans ist ein Besuch der Konzerthalle, des Megarons, ein absolutes Muss.
Dazu kommt, dass das Megaron ebenfalls Standort der griechischen Musikbibliothek ist. Diese umfasst etwa 10.000 Tonaufnahmen von Komponisten, seltene Sammlungen und traditionelle Musik, außerdem noch 63.000 Bücher und Partituren – Musikinteressierte werden sicher ihre wahre Freude haben!

● Megaron, the Athens Concert Hall, Leoforos Vasilissis Sofias & Kokkali, 115 21 Athen, Tel. (+30 21) 07 28 20 00, megaron.gr
● ÖPNV: Haltestelle Megaro Moussikis oder Nosokomeio Alexandra

ΜΑΝΟΣ ΕΛΕΥΘΕΡΙΟΥ
Γιώργος Νταλάρας
Ελένη Τσαλιγοπούλου
Χρήστος Θηβαίος
Μάρθα Φριντζήλα
Το Φτερωτό Άλογο
του Νίκου Καζαντζάκη
03 ΝΟΕ 2018 — 21 ΑΠΡ 2019
ΜΕΓΑΡΟ
LIVE
ΣΕ ΟΛΗ ΤΗΝ ΕΛΛΑΔΑ
The Met
ropolitan
Opera HD LIVE
ΟΚΤΩΒΡΙΟΣ '18 - ΜΑΪΟΣ '19
www.metingreece.com
ANTENNA GROUP
ΕΚΘΕΣΕΙΣ
ΜΟΥΣΙΚΗ
ΟΠΕΡΑ
ΕΚΠΑΙΔΕΥΣΗ
ΛΟΓΟΣ
Wi Fi

Der Natur auf der Spur

68 Entdecken im Goulandris Naturkundemuseum

Das familienfreundliche Naturkundemuseum wurde 1965 durch das Ehepaar Niki und Angelos Goulandris ins Leben gerufen. Wie schon der Name verrät, widmet sich das Goulandris Naturkundemuseum der Erforschung und Erhaltung der einzigartigen Lebensräume sowie der Tierwelt Griechenlands. Der Schwerpunkt der Ausstellungen und Forschungen liegt auf bedrohten Arten und Umweltproblemen. So wurden während des Betriebes bereits mehr als 150 neue Pflanzen entdeckt. In der botanischen Sammlung des Museums sind mehr als 200.000 Arten dokumentiert.

Ein besonderes Highlight ist die paläontologische Sammlung mit ihren zahlreichen Fossilien, Muscheln, Gesteinen und Mineralien sowie Insekten-, Säugetier-, Vogel- und Reptilienarten. Lebensgroße Nachbildungen vieler Tiere (darunter sogar Dinosaurier!) vermitteln einen umfassenden Eindruck von der vergangenen und heutigen Fauna Griechenlands.

Zugegeben, das hört sich erst mal vielleicht nicht besonders spannend an, aber wie es sich für gute Wissenschaft gehört, wird nicht nur in die Vergangenheit geschaut. Um für die Zukunft und ihre Entwicklungen gewappnet zu sein, wurde 2001 das GAIA Centre of Environmental Research and Education gegründet. Ein bedeutungsvoller Name – GAIA, der Name des Planeten Erde – wurde erstmals in den Werken Homers erwähnt und stand bei der Namensgebung Pate. Absolutes Highlight der Dauerausstellung ist der weltweit einzigartige Geosphäre-Dom – ein Monitor mit 5 Metern Durchmesser und 40 Quadratmetern Fläche, der den sich drehenden Planeten in hochauflösenden Bildern zeigt. Ebenso wie einen kurzen Abriss der geologischen Entwicklung des Planeten von seiner Entstehung vor 4,6 Billionen Jahren bis heute! Und wer glaubt, all das macht nicht glücklich, wird, wenn er in die staunenden Augen seiner Kinder beim Anblick des T-Rex schaut, eines Besseren belehrt. Und weiß plötzlich: Auch Naturkunde kann glücklich machen.

● Goulandris Museum, Levidou 13, 145 62 Kifisia/Athen, Tel. (+30 21) 08 01 58 70
gnhm.gr
● ÖPNV: Haltestelle Kifisia

Eine andere Welt

69 Ausflug nach Kifisia

Nur wenige Metrostationen von der Altstadt entfernt, taucht man in eine andere Welt ein. Eine, in welcher der Alltag etwas leichter zu sein scheint als anderswo. In Kifisia reihen sich säulenverzierte Villen nur so aneinander und lassen erahnen, wer hinter den hohen Mauern und inmitten der Parks residiert: superreiche Reeder oder Politiker wie zum Beispiel ein stellvertretender Außenminister.
Das hat einen guten Grund: Am Fuße des Pendeli-Gebirges, etwa 3000 Meter über dem Meeresspiegel, sind die Temperaturen kühler und die Luft besser als überall sonst in Athen. Eukalyptusbäume und Pinien spenden Schatten für internationale Schulen und Kindergärten, edle Designer-Boutiquen warten gleich hinter der nächsten Straßenecke auf ihre kaufkräftigen Besucher.
Und sosehr sich Kifisia von der Altstadt Athens unterscheidet – so liebenswert ist es doch mit seinem ganz eigenen Charme, der von der wunderschönen Architektur, den Fußgängerzonen und den großzügigen Plätzen ausgeht. Tatsächlich ist dieser Vorort nicht neu, sondern verfügt über eine lange Geschichte. Schon der wohlhabende Herodes Atticus, einer der reichsten Männer Griechenlands, baute seine Villa in Kifisia. Diese Tradition wurde fortgeführt, und im 19. und 20. Jahrhundert besaßen viele reiche Athener hier ihre Ferienhäuser und Sommerresidenzen. Bis heute ist es einer der teuersten und reichsten Vororte Athens. Kein Wunder, dass man im Jahr 1885 einen Park als grüne Lunge mit Teich und dekorativen Skulpturen errichten ließ – als Ausgleich zum Lärm der neuen Eisenbahn, von der sich die einflussreichen Anwohner belästigt fühlten.
Doch einmal im Jahr wird Kifisa noch schöner, bunter und anziehender. Dann ist die Luft erfüllt von unzähligen Blütendüften, und Eingeweihte wissen: Es ist wieder so weit! Seit über 60 Jahren findet im Park eine bekannte Blumenshow statt, auf der rund 60 Aussteller ihre Prachtstücke präsentieren. Ein wunderbares Erlebnis für alle, die einen grünen Daumen haben. Oder gerne einen haben möchten.

- Kifisia, 145 61-64 Kifisia
- ÖPNV: Haltestelle Kifisia

POLO

Ein Muss für Vinyl-Liebhaber

70 Stippvisite bei Zaharias Records

Möglicherweise ist das Zaharias ja der berühmteste Plattenladen in Athen. Und das ist keineswegs überraschend. Nur wenige Meter vom Flohmarkt Monastirakis entfernt, finden echte Plattenliebhaber nämlich auf zwei Etagen eine Riesenauswahl an gebrauchten Schallplatten. Darunter viele alte Schätzchen, die man nur selten sieht. Es gibt also immer etwas zu entdecken! Und ob Rock, Alternative Rock, Jazz, Blues, Soul und Funk oder Reggae, Dance und Klassik – die Chancen, fündig zu werden, stehen ziemlich gut!

Natürlich hat so ein Laden mit gebrauchten Platten im heutigen digitalen Zeitalter immer etwas Nostalgisches an sich. Unwillkürlich möchte man sagen: „Ein Plattenladen wie in der guten alten Zeit"! Aber ist das nicht gerade das Anziehende? Da der Laden mitten in einer Einkaufsgegend liegt, die immer wieder von Touristen und Einheimischen besucht wird, ist er zwar manchmal etwas überfüllt, aber es lohnt sich trotzdem, ihn zu besuchen, selbst wenn man nur einen Blick auf die bunten Plattencover an der eindrucksvollen Wall of Music wirft. Dort sind alle großen (und kleinen) Stars in einem friedlichen Miteinander versammelt – mögen die Stilrichtungen noch so unterschiedlich sein. Ob Elvis Presley, Simon & Garfunkel, Dean Martin, Jimi Hendrix oder Police, The Doors und Men at work – sie alle sind mit guten alten Vinylplatten vertreten!

Und zu vielen dieser Stars gibt es interessante Geschichten zu erzählen. Es scheint fast so, als warte geballtes Musikwissen nur darauf, endlich wieder unter die Leute gebracht zu werden. Hier wird Musik eben noch gelebt. Man sollte sich also ruhig etwas Zeit lassen beim Stöbern und Entdecken– es lohnt sich. Und macht, wenn man das lange gesuchte Objekt seiner Begierde gefunden hat, auch noch glücklich! So einfach kann das manchmal sein …

- Zaharias Records, Ifestou 20, 105 55 Athen, Tel. (+30 21) 03 21 14 49
  zahariasrecords.gr
- ÖPNV: Haltestelle Monastiraki

polydor
NINA
RECORD
COMPANY
N - 24743
MADE IN GREECE
HIGH FIDELITY
RECORDING
BIEM
ΑΧΑΡΙΣΤΙΑ
Χρ. Κολοκοτρώνη - Στ. Πελαγίδη
ΠΟΛΥ ΠΑΝΟΥ
Δ/σις 'Ορχ. Χρ. Κολοκοτρώνη
Unauthorised public performance, broadcasting and copying of this record prohibited
MINOS
STEREO

Typisch griechisch

71 Geschichte hautnah im Zappeion

„Typisch griechisch" kommt einem unwillkürlich beim ersten Anblick einer weiteren Sehenswürdigkeit Athens in den Sinn. Und damit liegt man selbstverständlich völlig richtig, obwohl das Gebäude nicht antik ist, sondern klassizistisch und erst im Jahr 1888 eingeweiht wurde: Zwischen dem Nationalgarten und dem Tempel des olympischen Zeus liegt das wunderbare Zappeion. Benannt wurde es nach Evangelos Zappas, dem Begründer der Olympien (den Vorläufern der modernen Olympischen Spiele). Seine Vision war es, die Olympischen Spiele wiederzubeleben und ihnen ein dauerhaftes Zuhause zu geben.

Zu diesem Zweck hatte er nach seinem Tod im Jahr 1865 einen Großteil seines Vermögens dem Komitee der Olympien unter der Bedingung vermacht, einen geeigneten Ort für diese zu errichten. Tatsächlich wurden bei der Einweihung des Zappeions im Oktober 1888 die vierten Olympien eröffnet.

Von Beginn an war das Zappeion aber auch als Multifunktionsgebäude geplant, allem voran für Warenmessen, von denen die erste 1888 abgehalten wurde. Im Jahr 1896 folgte es dann seiner wahren Bestimmung und wurde zum Schauplatz der Fecht-Wettkämpfe der ersten Olympischen Spiele der Neuzeit.

Bei den Olympischen Zwischenspielen im Jahr 1906 diente es außerdem als erstes Olympisches Dorf und 2004 als olympisches Pressezentrum. Wie müssen sich die Sportler und Pressevertreter vor dieser Kulisse gefühlt haben? Vor allem das eindrucksvolle kreisförmige Atrium im Innern verschlägt einem nachhaltig den Atem.

Seit dieser Zeit wurde das Zappeion oft als Ausweich-Location genutzt, und noch heute ist es beliebt für Tagungen und Kongresse. Umgeben ist das Gebäude von Rasenflächen, Blumenbeeten und Orangenbaumreihen, die zu einem gemütlichen Spaziergang einladen. Das Schönste ist allerdings das Innenleben, vor allem das Atrium, welches durch seine perfekte Geometrie und seine Eleganz immer wieder begeistert.

● Zappeion, Leoforos Vasilissis Olgas, 105 57 Athen, (+30 21) 03 22 35 09
zappeion.gr

● ÖPNV: Haltestelle Syntagma oder Acropoli

Paradies für Bücherwürmer

72 Stippvisite in der alten Nationalbibliothek

2016 zog die Nationalbibliothek Griechenlands in das Niarchos Foundation Culture Center. Bis dahin befand sie sich in einem klassizistischen Gebäude des dänischen Architekten Theophil Freiherr von Hansen. Die ursprüngliche Idee zu einer Nationalbibliothek in Griechenland stammte von Johann Jakob Meyer, der sich zusammen mit Lord Byron für die griechische Unabhängigkeit einsetzte. 1829 wurde seine Idee von der griechischen Regierung umgesetzt, allerdings nicht direkt in Athen. Vorübergehend war die Bibliothek zum Beispiel in einem Waisenhaus auf der Insel Ägina untergebracht, erst 1834 folgte der Umzug nach Athen. Der Gesamtbestand betrug 1830 insgesamt rund 1018 Bücher, kein Vergleich zu den zwei Millionen Bänden im Jahr 2018! Die alte Nationalbibliothek ist Teil der berühmten Athener Trilogie, zu der drei neoklassizistische Gebäude aus dem 19. Jahrhundert zählen: die Akademie von Athen, die Universität und eben die alte Nationalbibliothek. Sie gehören zu den schönsten Gebäuden Griechenlands und sind durch die europäische Idee von Wissen und Fortschritt miteinander verbunden. Ihre wichtigsten Architekten waren die dänischen Brüder Hansen: Christian und Theophil. Während Christian die Athener Universität entwarf, war Theophil Architekt der Akademie und der Nationalbibliothek. Auch sein Schüler und enger Mitarbeiter Ernst Ziller hatte großen Anteil am Bau dieser wunderschönen Gebäude. Die Nationalbibliothek wird bestimmt von schweren dorischen Säulen aus Marmor sowie durch eine außergewöhnliche Renaissance-Doppeltreppe, die zum Haupteingang führt. Mit diesen imposanten Bauelementen macht sie ihrer ehemaligen Bestimmung alle Ehre, denn immerhin beherbergte sie seit dem Jahr 1903 das schriftliche Kulturerbe Griechenlands. Doch mit der Zeit wurde das alte Gebäude zu klein und im Jahre 2018 zog man in die neue Nationalbibliothek im Stavros Niarchos Kulturcenter. Heute wird das beeindruckende Gebäude als Lesesaal für digitale Medien genutzt und dient als zentrale Anlaufstelle bzw. Ausstellungs- und Veranstaltungsort.

TIPP
Unbedingt die Akademie und die Universität besichtigen!

- Alte Griechische Nationalbibliothek, Omonoia 32, 106 79 Athen, Tel. (+30 21) 03 38 25 41
- ÖPNV: Haltestelle Panepistimiou 1, Omonia oder Akadimia

Griechische Industriekultur

73 High Life in Technopolis City

Im Stadtteil Gazi wartet auf Athenbesucher eine der ausgefallensten und lebhaftesten Eventlocations der Millionenstadt – Technopolis City. Hier hat sich nach der Schließung des alten Gaswerks Mitte der 80er-Jahre ein lebendiges Kulturzentrum mit mehr als einer Million Besuchern und rund 900 Events pro Jahr entwickelt.

Musik-Festivals, Kunstausstellungen, Food- und Technologie-Messen sowie Seminare und Workshops unterschiedlichster Art wechseln sich hier ab. Auch die Initiative Innovathens, ein Gründerzentrum für Start-ups, der Radiosender Athen 9,84 und das Industriegasmuseum sind hier untergebracht. Alles Beweise dafür, dass Athen viel mehr zu bieten hat als Antike.

Umgewandelt wurde der Industriekomplex im Jahr 1999 und ist heute vergleichbar mit der Zeche Zollverein in Bochum. Auf rund 3 Hektar bietet das ehemalige Gaswerk mit seiner einmaligen Architektur inklusive schmiedeeisernen Gerüsten, Ziegelschloten und Öfen eine einzigartige Kulisse. Und Industriekultur vom Feinsten.

Doch nicht nur Kulturinteressierte kommen auf ihre Kosten: Entstanden ist ein einzigartiger Tummelplatz für Junge und Junggebliebene. Mit Tunnelrutsche, Hängebrücken und einem atemberaubenden Skywalk, von dem aus man einen traumhaften Überblick über das Gelände hat. Ein wirklich atemberaubendes Erlebnis!

Hat man nach einem langen Tag noch ein wenig Kraft und Zeit, sollte man unbedingt bis zum Einbruch der Dämmerung bleiben und Technopolis City am Abend erleben. Denn dann kommt der subtile Charme des Viertels und der einzigartigen Industriekulisse erst so richtig zur Geltung. Graffitis, multikulturelle Cafés, Bars und Clubs sorgen für eine bunte Vielfalt und tragen zur unnachahmlich kreativen Atmosphäre bei. Technopolis City – niemals langweilig, dafür aber immer neu und aufregend.

- Technopolis City, Pireos 100, 118 54 Athen, Tel. (+30 21) 30 10 93 00
athens-technopolis.gr/index.php
- ÖPNV: Haltestelle Photaerio

Kultur pur!

74 Sehens- und Hörenswertes im Onassis Stegi

Einer der wichtigsten Kulturorte Athens ist das Onassis-Kulturzentrum (Stegi). Das sechsgeschossige Gebäude öffnete im Jahr 2010 seine Tore und gilt heute als eine der einflussreichsten und bahnbrechendsten Kulturstätten Griechenlands. Immer wieder bietet es vielen örtlichen Talenten eine Bühne und verbindet darüber hinaus sowohl nationale als auch internationale Kunst, Wissenschaft und Technologie.
Auf 1800 Quadratmetern umfasst es ein Theater mit 880 Sitzplätzen, ein Auditorium mit 220 Plätzen, eine Bücherei, diverse Konferenz- und Ausstellungsräume sowie individuell nutzbare Freiflächen. Schon das Gebäude ist wahrlich ein Hingucker – der Glaskubus ist mit Streifen aus weißem Marmor verkleidet, die im Dunklen hell leuchten. Bei der Planung des Stegi wurde selbstverständlich nichts dem Zufall überlassen, sondern bis ins kleinste Detail durchgeplant. So wurden sogar die Uniformen des Personals speziell für das Stegi von der britischen Modemarke DELADA entworfen. Perfektion in Reinform! Und unwillkürlich fragt man sich: „Das soll Athen sein? Die Stadt mit jahrtausendealter Geschichte?“ Ja, das ist sie.
Im Inneren setzt sich der erste Eindruck der einzigartigen Architektur fort – atemberaubende Ästhetik trifft auf kulturelle Ereignisse. Ob ein Abend mit Jo Nesbo, eine Performance mit Patti Smith oder die Ausstellung erotischer Postkarten aus Griechenland – es wird Überraschendes und Sehens- (und Hörens)wertes geboten!
Hat man also die Chance, eine Ausstellung oder ein Konzert zu besuchen, und möchte gerne einen Blick hinter diese eindrucksvolle Fassade werfen, sollte man die Gelegenheit nutzen und das Erlebnis mit allen Sinnen genießen. So bekommt man nicht nur einen guten Einblick in die aktuelle Kulturszene Griechenlands, sondern kann ebenso sicher sein, einen grandiosen Abend zu erleben!

● Onassis Stegi, Leoforos Andrea Syngrou 107, 117 45 Athen, Tel. (+30 21) 09 00 58 00
onassis.org/onassis-stegi
● ÖPNV: Haltestelle Panteios oder Syggrou Fix

Für Rohkost-Freunde

75 Leckeres im Restaurant Yi

Seit 2014 bewirtet das Yi in Glyfada, einem Vorort von Athen, seine Besucher mit einer raffinierten Rohkost-Küche auf erstklassigem Niveau. Hier liebt man das Essen und den Genuss. Besser gesagt: Im Yi liebt man gutes Essen und solches, das gut für die Gesundheit ist.
Deshalb wird alles, was auf den Tisch kommt, sorgfältig ausgewählt, vegetarische „Milch", „Butter" und „Käse", pflückfrische Sprossen und Mikropflanzen, Brot und Wraps – alles wird tagesfrisch geerntet und verarbeitet. Und man kann sicher sein, keine Konservierungsstoffe oder sonstigen Zusätze, keinen Zucker und kein Mehl in seinem Essen zu finden. Eben Nahrung in ihrer reinsten Form. Perfekt für Allergiker.
Die Philosophie hinter dieser Einstellung zum Essen: Erstklassige, weitgehend naturbelassene Zutaten und außergewöhnliche neue Rezepte führen hoffentlich zu veränderten, gesünderen Essgewohnheiten, die sich problemlos in unser tägliches Leben integrieren lassen.
Aber wer jetzt befürchtet, nur langweilige Rohkostsalate serviert zu bekommen, wird schnell eines Besseren belehrt: Karamellisierte Pilze mit Cashewcreme und Basilikumpesto, hausgemachte vegane „Käsesorten" mit Mandeln und Cashewkernen, köstliche Suppen, Nudelgerichte, Burger, Sandwiches, Wraps, Pfannkuchen und Crepes, Kuchen – all das findet man auf der Menükarte des Yi. Wem läuft bei solchem Essen nicht das Wasser im Mund zusammen?! Immerhin wird Genuss genauso großgeschrieben wie gesunde Ernährung. Und hungrig braucht wirklich keiner nach Hause zu gehen. Kurz gesagt: Im Yi wird Rohkost auf hohem Niveau serviert, das sicher auch so manchen Fleischesser überzeugt.
Ein kleines, aber charmantes Detail kann man auf der Rückseite des Restaurants entdecken: Dort befinden sich Hochbeete mit Gemüse und Kräutern, die für die Gerichte verwendet werden. Frischer geht es wirklich nicht!

- Yi, Grigoriou Lampraki 69, 166 75 Athen/Glyfada, Tel. (+30 21) 09 64 85 12 yiathens.gr
- ÖPNV: Haltestelle Pandrosou oder Omerou

Für Spielkinder

76 Flippern im Pinball-Museum

Im September 2018 eröffnete in Athen ein Museum seine Türen, das so gar nichts mit den üblichen Museen zu tun hat: das Pinball-Museum! Das erste Museum dieser Art in Griechenland. Auf zwei Ebenen laden mehr als 100 mechanische und elektronische Flipper zum Bewundern und natürlich zum … Spielen ein. Der älteste ist von 1957, die meisten sind aus den 80er- und 90er-Jahren – und jeder ist auf seine Art einzigartig.

Das Spiel mit Bällen, Kugeln (oder sogar Steinen) hat seinen Ursprung in Outdoorspielen, zum Beispiel auf Gras oder Kies – wie zum Beispiel Boccia. Im Haus entwickelten sie sich zu beliebten Tischspielen wie Billard. Die modernste Variante dieser „Ballspiele" sind die bekannten Pinball-Flipper, die den Spaß der Vergangenheit und die Technologie der Moderne gekonnt miteinander verbinden.

Die Flipper des Pinball-Museums kommen aus ganz Griechenland und wurden von seinem Gründer und Inhaber, Panos Bitharkas, zusammengetragen und in zahlreichen Arbeitsstunden liebevoll restauriert sowie mit neuen Beschlägen und Anzeigen ausgestattet. Erwähnenswert sind zum Beispiel die Addams Family Edition von 1994 mit Beschlägen aus echtem Gold sowie der Guns-&-Roses-Flipper, der bei einem Bonus-Spiel das berühmte „Sweet Child of Mine" von sich gibt. Da macht das Flippern doch gleich noch mehr Spaß!

Sinn und Zweck des mit viel Leidenschaft und Sachverstand geführten Museums ist es, diese kleinen elektromechanischen Wunderwerke zu erhalten und sie nicht nur Flipper-Fans, sondern einem breiteren Publikum zu präsentieren. Warum auch nicht? Ein bisschen Spielkind steckt doch schließlich in jedem! Und wer nach einem aufregenden Game mal eine Pause braucht, der kann sich im angeschlossenen Café erholen und fürs nächste Mal stärken oder noch bisschen über diese unterhaltsamen Wunderwerke der Technik sinnieren.

● Athens Pinball-Museum, Dionysiou Areopagitou & Makri 2, 117 42 Athen, Tel. (+30 21) 09 24 59 58

● ÖPNV: Haltestelle Acropoli

POINTS
100
WHEN LIT
POINTS
100
WHEN LIT
POINTS
100
WHEN LIT
GATE
3x
2x

Paradiesische Stunden

77 Entspannen im Old City Hamam & Spa

Sich mal einen Tag Ruhe und Erholung gönnen, die Seele baumeln lassen und die eigenen Batterien wieder aufladen – der Traum vieler gestresster Menschen unserer heutigen modernen Zeit. In Athen ist der passende Ort für solch eine Auszeit schnell gefunden: Das Old City Hamam & Spa ist eine wahre Oase für Erholungsuchende mitten im Herzen Athens, der Plaka.

War man in der einen Minute noch umgeben vom Gewimmel der engen Gassen, umfängt einen in den geschmackvollen und mit viel Liebe zum Detail eingerichteten Räumen des Hamams eine Atmosphäre der Ruhe und des positiven Loslassens. Wände und Böden aus weißem Marmor, gedämpftes Licht und eine unnachahmliche Ruhe versetzen einen in eine andere Welt.

Denn wie es sich für ein Türkisches Bad gehört, dreht sich hinter den Türen des Old City Hamam & Spa alles um Erholung, Entspannung und Entschleunigung. Traditionelle Hamam-Behandlungen, wohltuende Kopf- und Körpermassagen, Körperpeelings mit Rosenwasser, angenehme Gesichtsbehandlungen sowie die Betreuung durch professionelle Physiotherapeuten führen zu einem Maximum an Entspannung.

Nach einer Behandlung runden der dargebotene Tee sowie kleine Süßigkeiten den wundervollen Aufenthalt im Hamam ab – Gastfreundschaft und Herzlichkeit gehören hier ganz selbstverständlich zu diesem einmaligen Erlebnis dazu. Und machen es damit rundum perfekt!

Wer ein wenig mehr Zeit und einen ganz besonderen Anlass zum Feiern hat, der kann sogar einen ganzen Tag Old City Hamam buchen. Sich im Rahmen dessen im Hotel abholen und anschließend mit Massagen, Packungen und verschiedenen Gesichtsbehandlungen verwöhnen lassen.

Am Ende eines Tages kann das Resümée eigentlich nur lauten: Erholung pur und eine ganz außergewöhnliche Glückserfahrung, die man bei der nächsten Möglichkeit unbedingt wiederholen sollte.

- Old City Hamam & Spa, Athanasiou Diakou 1, 117 42 Athen, Tel. (+30 21) 09 24 66 66 , oldcityhamam.com
- ÖPNV: Haltestelle Acropoli oder Makrygianne

Kunst to go

78

Streetart erleben in Psyrri & Co.

Zugegeben, Athen ist nicht überall schön. Aber welche Großstadt ist das schon? Neben schicken und eleganten Vierteln wie Chalandri und Kifisia und lebendigen Straßen in der Altstadt gibt es natürlich vernachlässigte und eher heruntergekommene Straßenzüge. Doch selbst dort wissen sich die Athener zu helfen, und wo sich die Stadt zurückzieht, erobern Streetart und Graffitis die Hauswände und Straßen.
Dabei handelt es sich keineswegs um ungelenke Schmierereien. Viele Bilder sind hochkünstlerisch und ein Beweis für das Können und die Kreativität ihrer Urheber. Die Motivation für diese bunten Kunstwerke ist allerdings unterschiedlich. Viele Mauerwände werden für politische Äußerungen genutzt, mindestens ebenso viele sind aber auch fantasievolle Parodien oder einfach farbenfrohe, zeitgemäße Kunstwerke aus Freude am Kreativen. Und so mancher Künstler hofft vielleicht auch ein kleines bisschen darauf, entdeckt zu werden.
Denn längst werden die Bilder nicht mehr nur als Verschandelung angesehen. Vor allem in den Stadtvierteln Psyrri, Kerameikos und Exarchia sowie in Gazi kann man viele der besten Graffitis bewundern. Darunter sogar gigantisch große Murals – meterhohe, eindrucksvolle Wandgemälde. Mittlerweile werden sie zumindest geduldet, wenn auch nicht unbedingt gefördert.
Und so langsam wird klar – es gibt eine echte Graffiti- und Streetart-Szene in Athen. Dabei unterscheiden diese beiden sich durchaus: Bestehen Graffitis vor allem aus Buchstaben, beinhaltet Street-art in der Regel ein Bild.
Während sich in vielen europäischen Städten schon seit Längerem eine gewisse Uniformität bei den farbenfrohen Kunstwerken bemerkbar macht, überrascht die Athener Szene durch ihren eigenen Stil. Doch auch hier werden die Künstler professioneller und immer kommerzieller. So gibt es zum ersten Mal sogar legale Flächen und Aufträge für Streetart. Für Fans dieser Kunstform ein Glücksfall, denn beim Durchstreifen der Straßen Athens trifft man immer häufiger auf wahre Kunstwerke.

TIPP

Das Athens Street Art Festival ist Treffpunkt für griechische und internationale Street Artists.

● Streetart, Psyrri, 105 54 Athen

Charmante Nachbarschaft

79 Vorort-Hotspot Chalandri

Das kleine Alphabet von Chalandri (oder Halandri) ist ganz einfach und benötigt keine 26 Buchstaben, sondern nur drei: A wie Alkohol, B wie Brunch und Burger, C wie Cocktails. Damit ist eigentlich schon alles gesagt. Oder auch nicht. Denn diese perfekte Samstagnacht-Location ist eigentlich viel abwechslungsreicher, als man zunächst meinen mag. So soll zum Beispiel schon der berühmte griechische Dramatiker Euripides (ca. 480 bis 406 vor Christus) in diesem Stadtteil gewohnt haben. Natürlich zu einer Zeit, als es noch nicht ganz so hip war wie jetzt. Heute ist man mit der Metro-Linie M3 in nur 22 Minuten von der Athener City aus in dieser quirligen Welt aus Restaurants, Geschäften, Cafés und schattigen Fußgängerzonen, wo es viel zu entdecken gibt!
Damit sind ausnahmsweise mal nicht antike Stätten und Denkmäler gemeint, sondern tatsächlich die eher profanen Dinge des Lebens wie schicke Schaufenster, coole Coktailbars und vor allem – Menschen! Denn auch in Chalandri kann man prima Leute gucken. Das gilt tatsächlich genauso für Einheimische, denn meist sind es die Athener selbst, die Chalandri zum lohnenswerten Ausflugsziel erkoren haben. Und das ist die beste Empfehlung, die es gibt.

TIPP
Für einen Cocktail auf jeden Fall im Theory vorbeischauen!

Eltern mit ihren Kindern, Senioren und Hipster erschaffen gemeinsam eine wunderbar bunte und fröhliche Atmosphäre des entspannten Miteinanders. Ach ja, und nicht zu vergessen all die Yuppies, die sich an den Wochenenden ebenfalls etwas entspannter geben.
Hat man die Chance, Chalandri zum Beispiel an einem Samstagabend zu erleben, erschließt sich einem die Anziehungskraft des Ortes: In den zahlreichen Restaurants ertönt Musik, und fröhliches Stimmengewirr erfüllt die Luft. Kinder spielen spät noch vor der Kirche Agios Nikolaos, Familien und Freunde essen gemeinsam zu Abend und die Bars sind voll von Nachtschwärmern, die nicht aussehen, als würden sie bald nach Hause wollen. Alles zusammen ist dermaßen schön, dass man sich am liebsten dazusetzen und von der Fröhlichkeit anstecken lassen würde.

- Theory Bar, Platonos 14, 152 34 Athen, Tel. (+30 21) 06 80 16 33
- ÖPNV: Haltestelle Chaimanta oder Agia Parakevi

DMC
αθανατα
κεντηματα

Auf Schliemanns Spuren

80 Münzen zählen im Numismatischen Museum

Heinrich Schliemann ist jedem Archäologie-Fan ein Begriff: Im Jahr 1873 erlangte der deutsche Forscher Berühmtheit durch die Entdeckung der legendären antiken Stadt Troja. Lange Zeit wohnte er in Athen und seit 1998 befindet sich in seinem ehemaligen Wohnhaus das Numismatische Museum Athen mit mehr als 600.000 Stücken. Damit ist es eines der weltweit fünf wichtigsten Museen seiner Art.

Schliemann selbst war Liebhaber und Sammler alter Münzen aus Troas (einer Landschaft in Kleinasien) und anderen Gegenden des antiken Griechenlands. Seine Kollektion umfasste die gesamte griechische Münzgeschichte und kann heute im ersten Ausstellungsraum bewundert werden. Darüber hinaus gewährt das Museum interessante Einblicke in die Herstellung sowie Verbreitung von Münzen und das Zahlungswesen in der griechischen Antike.

Beinahe ebenso sehenswert wie die ausgestellten Münzen ist aber das Gebäude selbst: 1869 heiratete Schliemann die Griechin Sophia Egastromenou und entschied sich, für immer in Athen zu bleiben. Grund genug, ein repräsentatives Wohnhaus im Zentrum Athens zu errichten. Besonders viel Freude hatte Schliemann bei der Einrichtung und Ausstattung: Tönerne Statuen für Dachterrasse und Garten, Mosaiken sowie Wand- und Deckenmalereien – alles verschlang Unsummen für die damalige Zeit. Wahrscheinlich deshalb erhielt das neue Zuhause auch den Spitznamen „Iliou Marathon" – „Palast von Troja", der bis heute geblieben ist.

Nach aufwendigen und langjährigen Renovierungen erstrahlt es nun in altem Glanz und bildet gemeinsam mit der außergewöhnlichen Sammlung eine unwiderstehliche Einheit. Wo sonst kann man das Original der berühmten Athener Eule, die die griechische Ein-Euro-Münze ziert, im Original bewundern?

Und wem das noch nicht reicht, der kann im verborgenen Museumsgarten gerne eines der beliebten Jazzkonzerte in außergewöhnlicher Umgebung besuchen.

- Numismatisches Museum, El. Venizelou 12, 106 71 Athen, Tel. (+30 21) 03 63 20 57 nummus.gr
- ÖPNV: Haltestelle Syntagma 2, Panepistimiou, Omerou oder Numismatisches Museum

Danke …
an alle, die mich bei meinen Recherchen und der Entstehung des Buches unterstützt haben,
an Antje Kluth, die meinen Texten gekonnt den letzten Schliff gegeben hat,
an alle Athener, denen ich meine Liebe zu dieser Stadt zu verdanken habe. Efcharistó!

2., aktualisierte Auflage 2025

Konzeption/Satz: Droste Verlag, Düsseldorf
Einbandgestaltung und Illustrationen: Britta Thiele, Marbach am Neckar, unter Verwendung von Bildern von © Fotolia.com: jd – photodesign.de; © iStock: Plociennik Robert
Fotos: © Booktique: S. 27; © Contrust Collective: S. 105; © Flaneur Souvenirs: S. 109; © Katakouzenos House Museum/Photo tzaki: S. 57; © Kimolia Café: S. 59; © Le Greche: S. 55; © Mosaik Studio: S. 69; © Philos: S. 19; © Queen Calliope: S. 89; © Shutterstock.com: S. 9, 15, 17, 21, 31, 33, 41, 43, 53, 61, 65, 71, 73, 83, 85, 87, 91, 95, 97, 101, 103, 107, 115, 117, 121, 129, 131, 135, 137, 153, 157, 159, 161, © Adriana Iacob/Shutterstock.com: S. 67, © Aerial-motion/Shutterstock.com: S. 23, 39, 75, 79, 145, © Alvaro German Vilela/Shutterstock.com: S. 51, © Andrew Chisholm/Shutterstock.com: S. 141, © ArtMediaFactory/Shutterstock.com: S. 81, © CoinUp/Shutterstock.com: S. 35, 133, 155, © dimitris_k/Shutterstock.com: S. 45, 147, © Dimitris Koskinas/Shutterstock.com: S. 77, © EQRoy/Shutterstock.com: S. 163, © Frank Fell Media/Shutterstock.com: S. 111, © Gestiafoto/Shutterstock.com: S. 151, © Kiev.Victor/Shutterstock.com: S. 167, © Nataliia Sokolovska/Shutterstock.com: S. 37, © Pit Stock/Shutterstock.com: S. 165, © Roberto Sorin/Shutterstock.com: S. 149, © Sentemon/Shutterstock.com: S. 63, © smoxx/Shutterstock.com: S. 119, © stefanel/Shutterstock.com: S. 13, © StF-management/Shutterstock.com: S. 125, © Tito Slack/Shutterstock.com: S. 29, © Thanasis Foukas/Shutterstock.com: S. 47, © yiannisscheidt/Shutterstock.com: S. 127, © Yasemin Olgunoz Berber/Shutterstock.com: S. 113, 139; © Sophia Enjoy Thinking: S. 123; © To Treno sto Rouf: S. 25; © Underflow Records: S. 93; © Val Goutsi Workshop: S. 99; © Wemhöner, Karin: S. 11; © Wikimedia, By SurfAst – Own work, CC BY-SA 3.0: S. 49; © Y.SKoulas/GNTO: S. 143

MIX
Papier | Fördert gute Waldnutzung
FSC® C011279
FSC www.fsc.org

Druck und Bindung: LUC GmbH, Greven
ISBN 978-3-7700-2248-9

droste-verlag.de